A cereja do bolo

CARLOS ALBERTO CARVALHO FILHO

A cereja do bolo

Negociação persuasiva: o poder da *Emoção*
como diferencial no *Bolo do Sim*

INTEGRARE
business

Copyright © 2009 Carlos Alberto Carvalho Filho
Copyright © 2009 Integrare Editora e Livraria Ltda.

Publisher
Maurício Machado

Supervisora
Luciana M. Tiba

Coordenação e produção editorial
Crayon editorial

Copidesque
Martha Lopes

Revisão
Marisa Rosa Teixeira

Projeto gráfico
Alberto Mateus

Diagramação
Crayon Editorial

Capa
Desk Design

Foto de quarta capa
René Cabrales

Dados Internacionais de Catalogação na Publicação (CIP)
(Câmara Brasileira do Livro, SP, Brasil)

Carvalho Filho, Carlos Alberto
A cereja do bolo : negociação persuasiva : o poder da emoção
como diferencial no bolo sim / Carlos Alberto Carvalho Filho. --
São Paulo: Integrare Editora, 2009.

Bibliografia.
ISBN 978-85-99362-39-6

1. Emoção 2. Negociação 3. Negócios 4. Persuasão (Psicologia)
5. Relações interpessoais 6. Sucesso em negócios 7. Vendas I. Título.

09-05255   CDD-658.81

Índices para catálogo sistemático:

1. Vendas : Técnicas : Desenvolvimento :
Administração 658.81
2. Negociação : Habilidades :
Desenvolvimento :Administração 658.81

Todos os direitos reservados à INTEGRARE EDITORA E LIVRARIA LTDA.
Rua Tabapuã, 1123, 7º andar, conj. 71/74
CEP 04533-014 - São Paulo - SP - Brasil
Tel. (55) (11) 3562-8590
Visite nosso site: www.integrareeditora.com.br

Dedico este livro às minhas queridas avós, Veny (*in memoriam*) e Amelinha, exímias na arte culinária, cujo carinho no preparo e paixão pelo ofício sempre constituíram as verdadeiras cerejas dos seus bolos.

Mensagem da SPAAN

Somente uma vida consagrada
aos demais é digna de ser vivida.
ALBERT EINSTEIN

A população idosa brasileira cresce a cada dia. De acordo com os dados do Instituto Brasileiro de Geografia e Estatística (IBGE), o Brasil deverá ter a 6ª maior população idosa do globo terrestre em 2025, cerca de 34 milhões de pessoas com mais de 60 anos, o que representará 14% da população.

Com isso, aumenta a necessidade da conscientização de que a doença, a fragilidade, a inatividade, a dependência e a solidão são fatores que devem ser afastados da terceira idade. E também por causa dessa alarmante previsão se faz cada vez mais necessária a criação de novas casas para abrigar idosos.

A **SPAAN** – Sociedade Porto-alegrense de Auxílio aos Necessitados – é uma entidade filantrópica sem receita própria, que sobrevive graças ao auxílio da comunidade. Procuramos proporcionar aos nossos residentes – o que muitas vezes falta até em lares bem-estruturados – carinho, compreensão e amor, além do amparo material.

Trata-se de uma entidade de longa permanência, ou "casalar", com atendimento em período integral, preocupada com a felicidade do idoso. Não é um local onde o idoso é obrigado a se resignar diante de sua fragilidade, prendendo-se a uma expectativa final de vida, como um ser sem prestimosidade. É bem verdade que, com o acúmulo dos anos, o corpo humano aos poucos vai perdendo parte das habilidades físicas, dando lugar ao aparecimento das rugas e dos cabelos brancos, do caminhar mais lento e vacilante e da diminuição das capacidades auditiva e visual. Contudo, esses fatores não impedem que o idoso tenha uma vida saudável e digna, e essa é a missão da **SPAAN**. Nossa preocupação primordial é a autoestima do idoso. Criamos um ambiente onde ele possa viver de bem com a vida e em harmonia com todos que o cercam. A tristeza pela ausência dos familiares não pode servir de motivo para não ser feliz.

Para isso, contamos com o valioso apoio de bravos e aguerridos voluntários, parceiros, funcionários e amigos que, diuturnamente, estão conosco, edificando uma sociedade melhor, mais justa, humana e solidária.

Todos os idosos recebem alimentação balanceada seis vezes ao dia, atendimento médico e odontológico, terapia ocupacional, fisioterapia, vestuário e numerosos programas de lazer. Essas atividades são orientadas por voluntários e buscam proporcionar aos idosos um ambiente salutar, no qual eles possam recuperar a autoestima e perceber que envelhecer não é sinônimo de doença. Queremos que a **SPAAN** seja um lugar para **viver** e não somente para existir.

Sensibilizados, agradecemos a grande figura humana do festejado palestrante e escritor Beto Carvalho, autor do presente livro *A Cereja do Bolo*, bem como agradecemos a conceituada Integrare Editora, por nos escolher como entidade filantrópica, beneficiária do resultado das vendas do livro. A soma a ser recebida pela **SPAAN** será de imensa valia, mas o mais importante é que este texto será lido por milhares de pessoas cultas, que conhecerão o trabalho social de uma das tantas entidades criadas pelo **ROTARY**.

EDERON AMARO SOARES DA SILVA
Presidente da "Sociedade Porto-
-alegrense de Auxílio aos Necessitados"
www.spaan.org.br

Sumário

MENSAGEM DA SPAAN 7
SOBRE BOLOS E CEREJAS 11

PRÓLOGO 15
POR QUE "A CEREJA DO BOLO"? 18

1 OS INGREDIENTES DA PERSUASÃO:
CONSTRUINDO O *BOLO DO SIM* 33

2 AS CAMADAS DO *BOLO DO SIM* 37
CONFIANÇA 37
Atitudes que inspiram confiança 50
CONSISTÊNCIA 60
INFLUÊNCIA 76
Princípio da Afinidade 78
Princípio da Reciprocidade 81
Princípio da Condicionalidade 85
Princípio da Autoridade 92
Princípio da Consensualidade 95
Princípio da Exclusividade 98

3 EMOÇÃO: A CEREJA DO *BOLO DO SIM* 101

O *PONTO G* DA EMOÇÃO 113

Descobrindo os canais de comunicação
preferenciais do interlocutor 115

Equalizando, comportamental e verbalmente,
a interação com o interlocutor 121

Desvendando o perfil decisório
do interlocutor 123

**SURPRESA E ENVOLVIMENTO: VARIÁVEIS
FUNDAMENTAIS À POTENCIALIZAÇÃO
DA EMOÇÃO** 135

O elemento-surpresa 135

O poder do envolvimento 137

Histórias, metáforas e exemplos 140

4 MENSAGEM FINAL:
A PERSUASÃO DO BEM, O VERDADEIRO
SABOR DO *BOLO DO SIM* 151

REFERÊNCIAS BIBLIOGRÁFICAS 155

Sobre bolos e cerejas

Não faz muito tempo, abri minha caixa de e-mails e topei com uma mensagem cujo assunto era "autorização". O autor me era desconhecido. Curioso, fui logo ver do que se tratava. O missivista apresentou-se como diretor de Recursos Humanos de uma importante multinacional de *software*. Solicitava-me permissão para divulgar, em sua empresa, um episódio do qual fora protagonista, ocorrido no dia anterior, num evento da HSM.

Durante um dos intervalos, ele adquirira três livros na banca montada no *foyer* da casa de eventos. É uma forma de facilitar aos participantes o acesso direto às obras dos palestrantes e de outros autores da área de negócios.

Em seguida, decidiu passar pelo toalete. No retorno ao auditório, deu-se conta de uma distração. Esquecera a sacola de compras, provavelmente sobre a pia. Lépido, retornou ao banheiro. Para seu desgosto, porém, nem sinal dos volumes.

Considerou os livros perdidos. Afinal, entre os 1.200 participantes do evento, alguém devia ter considerado o bem alheio presente do destino. Mesmo assim, deliberou passar na secretaria do evento para checar se alguém tinha notícias de seu pequeno tesouro de letras.

Uma de nossas recepcionistas o ouviu pacientemente e procurou saber quais eram os títulos extraviados. Em seguida, sugeriu que ele retornasse ao auditório, de modo que não perdesse as palestras em curso. Prestativa, prometeu procurar o material.

Em seu curioso e-mail, esse executivo assim me narrou os fatos:

Voltei ao auditório sabendo que não iriam recuperar os livros. Se alguém os tivesse encontrado, já os teria devolvido, pois há uma seção de "achados e perdidos" nos eventos da HSM. No fim do dia, porém, para meu espanto, a simpática recepcionista me abordou com minha sacolinha e os três livros. Feliz, eu lhe disse: "que bom que acharam". Ela me sorriu e confessou: "na verdade, não foram localizados, mas compramos os mesmos títulos para o senhor; afinal, não poderíamos deixá-lo partir sem sua compra". Este desfecho para o caso foi a cereja do bolo, senhor Julio.

Quando meu xará Carlos Alberto Carvalho Filho pediu-me para prefaciar este livro, recordei-me imediatamente dessa história. Nossas recepcionistas são treinadas para atender com cortesia e eficiência a todos os clientes. Isso inclui até mesmo efetuar um investimento extra, como no caso descrito acima.

Na verdade, essa atitude é uma exceção. Nem mesmo o melhor treinamento oferece soluções padronizadas para problemas inesperados. O que foge da rotina costuma gerar paralisia, distanciamento e respostas do tipo "desculpe, mas não temos como auxiliá-lo neste caso particular".

Ao anotar os nomes dos livros perdidos, a recepcionista mostrou sagacidade e presença de espírito. Se não os localizasse, poderia recomprá-los. Essa postura é própria de quem adorar servir e encantar o cliente. Pessoas assim sabem bem como utilizar a cereja como delicado ornamento para o bolo.

Neste livro inspirador, Beto Carvalho nos ensina a compreender e valorizar esses comportamentos, tão importantes nestes tempos de acirrada competição por atenção, adesão e fidelidade. Servir na singularidade equivale a colocar a emoção acima da razão, a realizar mais do que estabelece o *script* corporativo.

De algum modo, essas virtudes precisam estar agregadas ao DNA das novas empresas. Vale, sim, lutar por resultados financeiros, mas também por um elogio sincero do cliente.

Na HSM, buscamos sempre essa aprovação autêntica e espontânea de nossos interlocutores. O bolo, parte consistente da equação, é preparado a partir de uma fórmula. É gerado com base em uma receita. Esse processo inclui a elaboração do programa, a escolha dos palestrantes, a montagem da infraestrutura e a utilização adequada das tecnologias de apoio. Tudo isso ocorre no campo da razão.

É imprescindível, no entanto, que valorizemos o toque humano. Assim, dedicamo-nos também a dar boas-vindas, a mostrar autêntica alegria ao receber cada participante. Vale, nesses casos, o olhar vibrante de quem sabe que servir é melhor que ser servido.

Este livro de Beto Carvalho levará você a inúmeras experiências que denotam o poder da emoção e do servir nas relações interpessoais – o *Bolo* a que se refere deve ser consistente, alicerçado na confiança e permitir às pessoas adquirirem uma forte dose de influência pessoal, mas a cereja do bolo, bem, essa é a emoção, uma pequena frutinha vermelha que, colocada no topo das relações, demonstra que é preciso ir além do vender, do negociar, do dar e do receber. Afinal de contas, carinho antes é interesse, carinho depois é amor. Que tipo de relações queremos ter?

CARLOS ALBERTO JÚLIO
Professor, palestrante e autor

Prólogo

Mal entreguei à editora os originais do meu primeiro livro – *A Azeitona da Empada* –, invadiu-me a sensação de que outro livro, complementar ao primeiro, deveria entrar em processo de desenvolvimento.

A razão desse sentimento ficara expressa nos comentários que obtive durante a fase de pré-teste da obra. Isso mesmo, pré-teste, exatamente como é feito em pesquisas estruturadas de mercado, em que o instrumento que será utilizado na coleta quantitativa e qualitativa de informações sofre uma avaliação preliminar. Busca-se, assim, evitar eventuais dissonâncias interpretativas quando a publicação for lançada.

No meu primeiro livro, como sempre acontece em situações de *primeira vez*, estava ansioso quanto aos desdobramentos avaliativos do texto, às críticas e à pertinência do tema à aprovação do leitor. Assim, resolvi experimentá--lo, informalmente, em uma amostra de aproximadamente trinta pessoas de minhas relações. O universo, propositalmente, era heterogêneo na sua formação acadêmica ou profissional. Havia médicos, advogados, engenheiros, administradores, donas de casa e, obviamente, profissionais de vendas, estes últimos integrantes do efetivo público-

-alvo do livro. Solicitei a gentileza de todos lerem, em primeira mão, os originais que, posteriormente, enviaria à editora. Dei-lhes um prazo de aproximadamente quinze dias para receber as percepções de cada um e, dessa forma, poder intuir sobre a potencialidade editorial e comercial do livro que acabara de finalizar.

Passado o tempo estipulado, cerca de 90% dos participantes do pré-teste tinham me remetido as suas considerações. Observei, de plano, que o livro estava muito aderente às pessoas que tinham no conceito *business* uma estreita relação com seus cotidianos laborais.

No entanto, o que mais me chamou a atenção, lendo os comentários, foi a percepção fortemente positiva do livro no universo de leitores que, em princípio, pouco utilizavam o tema "vendas" nas suas realidades profissionais. Na quase totalidade desse grupo, recebi opiniões favoráveis sobre o conteúdo e a forma apresentados. Advogados dizendo-me que muito do que estava ali poderia ser aplicado no relacionamento com seus clientes, médicos relatando poder utilizar iguais fundamentos na interação com seus pacientes, engenheiros, estudantes e até de uma dona de casa – divertida e bem-humorada senhora de meia-idade – tive um retorno interessante: usar as técnicas apresentadas para aumentar a mesada que recebe do marido.

Diante desse quadro, uma interrogação impeliu-me a pensar sobre o assunto: se o tema "negociação", pretensamente um conteúdo mais ligado a aspectos comerciais, recebe tanta receptividade em públicos diversos, por que não adaptá-lo à realidade cotidiana, abordando-o no contexto

PRÓLOGO

das múltiplas situações da vida em que há necessidade de vivenciarmos processos de negociação?

Segui o meu *feeling* editorial. O rápido sucesso de *A Azeitona da Empada* – primeiro lugar na lista dos mais vendidos do jornal *Valor Econômico*, em menos de um mês após o lançamento – intensificou ainda mais a percepção e a necessidade de materialização deste segundo livro, *A Cereja do Bolo*, uma espécie de *Se eu fosse você 2* (*risos*).

O conteúdo que apresento aqui está ancorado na estruturação de uma figura de linguagem que, ludicamente, denomino como o *Bolo do Sim*. Configurado sob a forma de camadas sobrepostas e integradas – a da *confiança*, a da *consistência* e a da *influência* –, esse *bolo* representa os ingredientes necessários à argumentação persuasiva produtiva, objetiva e, sobretudo, eficaz para a obtenção de aceitações, aprovações ou concordâncias.

Como elemento finalizador desse *Bolo do Sim*, há um adereço estético, figurativamente colocado, mas estrategicamente crucial para potencializar a efetividade persuasiva: a *Cereja do Bolo*. Ela expressa a importância que o *fator emoção* assume na percepção do interlocutor quando inserido no contexto de uma negociação.

Devo reconhecer que a concepção estrutural deste texto tem referências de fundamentos teóricos já apresentados no livro anterior. No entanto, o fiz procurando construir novos formatos conceituais para um universo mais amplo de leitores, que transcendam aqueles mais familiarizados ao ambiente da negociação comercial. Um livro que possa ser útil para as incontáveis *negociações da vida*, seja em momentos de bonanças pessoais ou mercadológicas, seja em situações de efervescência com repercussões negativas, como as decorrentes da alarmante crise mundial que vivenciamos desde setembro de 2008.

Espero conseguir esse meu intento, especialmente se, de alguma forma, o conteúdo expresso, a partir de agora, puder ajudar você a obter inúmeros *sins* ao longo da sua vida.

POR QUE "A CEREJA DO BOLO"?

Em meio ao emaranhado de pessoas que se comprimiam em uma grande livraria em Porto Alegre – espaço amplo, porém insuficiente para abrigar as mais de seiscentas pessoas que prestigiavam o lançamento do meu primeiro livro –, o amigo fraterno e um dos grandes incentivadores do meu projeto pessoal de enveredar pelo caminho editorial, Flávio do Couto e Silva, chega próximo a mim e brada em entusiasmo que contagia aqueles que emolduravam a mesa em que, por mais de cinco horas ininterruptas, autografei o livro *A Azeitona da Empada*:

– *Que loucura! Não cabe mais ninguém! Vá preparando o segundo, pois este já nasceu iluminado. Vai acabar virando autoajuda!*

Flávio, um brilhante advogado gaúcho, é uma daquelas pessoas com quem todos adorariam conviver. Intenso e vibrante, tem na lealdade incondicional à amizade um dos seus predicados mais salientes. Magnânimo nos sentimentos e altruísta nas atitudes, ele é aquilo que podemos chamar de "um cara do bem". Assim, absorvi aquela sua frase como mais um ímpeto vocabular de amigo emocionado com o surpreendente afluxo ao lançamento de um livro concebido originalmente como de conteúdo técnico. Afinal, nos dias atuais, é quase uma consciência coletiva livros com este perfil atraírem públicos mais específicos e reduzidos do que os de publicações alicerçadas em temas universais e populares, como os de esoterismo ou os ditos de autoajuda.

A frase de Flávio soou como elogio, mesmo que entenda não ser axioma indesmentível a prevalência da aceitação popular de um estilo literário sobre o outro. Na realidade, no Brasil, o termo *autoajuda* tem uma conotação deturpada, sendo sinônimo de produções literárias motivacionais e de pouca consistência acadêmica. Uma contradição ao verdadeiro sentido das palavras, pois tudo o que possibilite o desenvolvimento e aperfeiçoamento pessoal, em resumo, deveria ser classificado como de autoajuda. Mas o rótulo existe e, sejamos sensatos, o sentido usado na expressão *autoajuda* está arraigado e dificilmente será capaz de ser modificado no curto prazo.

Confesso que o rápido sucesso alcançado pelo livro superou inclusive o melhor dos meus imaginários. Em apenas um mês de mercado, o livro já entrara na sua terceira edição. Os convites para entrevistas sobre o livro se sucederam em diversas localidades do país, e o número de palestras – atividade que desempenho, profissionalmente, desde 2004 – multiplicou-se de forma sem precedentes no meu currículo de apresentações.

Um fato logo chamou a atenção de analistas editoriais um pouco mais atentos: o que faria um livro, pretensamente técnico, despertar interesse acentuado em públicos tão diversos?

É cartesiano pensar que a tecnicidade do conteúdo referente ao tema "vendas e negociação", em tese, é um assunto mais aplicável no cotidiano das pessoas e conceitualmente mais assimilável à leitura. Porém, mesmo com essa atenuante, a lógica explicativa deveria ter a sua sustentação em bases mais profundas do que a simples facilidade de aderência do tema ao leitor.

A senha para a descoberta da verdadeira razão do êxito editorial viria, porém, na véspera da segunda sessão de autógrafos, dessa vez realizada em São Paulo, poucos dias após a primeira, em Porto Alegre. Fui convidado para falar em um programa noturno de rádio de uma tradicional emissora brasileira. Compareci à entrevista em que poderia fazer a divulgação do livro que seria autografado no dia seguinte e, caso concordasse, responderia a perguntas de ouvintes que desejassem interagir comigo ao vivo. Prontamente aceitei, afinal, para um autor iniciante, era uma oportunidade ímpar de difundir o livro nacionalmente, tendo em vista a veiculação do programa em rede constituída por emissoras de vários estados brasileiros.

Cheguei à emissora com antecedência de quase uma hora e, entre um misto de ansiedade e preocupação, aguardei ser chamado para entrar no ar. A tensão fazia sentido. Ocorre que, embora tenha boa experiência em falar para grandes públicos em minhas palestras, a realidade de conceder entrevistas – e ao vivo – era muito recente ao meu universo existencial e, como tudo na vida, a falta de vivência em algo torna-nos apreensivos até que saibamos como administrá-la.

Entrei no ar exatamente às 23h e, depois de uma breve apresentação sobre o livro e o meu currículo, o apresentador do programa me introduziu à conversa pedindo-me que fizesse uma primeira explanação sobre a obra. Iniciei contextualizando o trabalho editorial realizado, explicando tratar-se de uma publicação com foco em negociação e vendas, em que em 225 páginas eu entremeava modernos fundamentos extraídos de acurada investigação acadêmica sobre o tema com a minha experiência prática de vinte anos como executivo na área comercial. O nome do livro, *A Azeitona da Empada*, de certa forma *sui generis* para o assunto, fora extraído de um dito popular para expressar *pequenos detalhes capazes de fazer grandes diferenças*, valorizando a condição de criar diferenciais competitivos sustentáveis em um processo de negocia-ção. A conversa corria solta e eu, a cada frase proferida, sentia-me mais à vontade e entusiasmado a seguir em frente, pormenorizando o conteúdo do livro e seus aplicativos práticos, seja na atividade profissional de um vendedor, seja no dia a dia comum de cada pessoa e a nossa permanente necessidade de sempre estarmos negociando alguma coisa com alguém.

O apresentador atento obtemperava a minha dissertação, intercalando-a com perguntas que iam me propiciando discorrer com maior profundidade sobre a fascinante arte de negociar e seus derivativos práticos.

Exposto o lado técnico do livro, permiti-me abordar o que para mim era o grande diferencial em comparação com outros títulos do seu segmento: o lado emocional advindo da inserção de uma história marcada por dificuldade pessoal contraída na tenra idade que servira de marco para a construção de uma trajetória de luta, de superação e de conquistas sucessivas.

Completamente envolvido pelo inusitado momento de poder falar sobre o assunto, fui descrevendo em minúcias os detalhes dessa história. Empurrado pela sensação de ter milhares de ouvintes – em suas casas, automóveis ou qualquer outro lugar onde a portabilidade do rádio permitisse – compartilhando comigo daquele momento, libertei-me da racionalização argumentativa e deixei que a emoção desnudasse o meu interior, oferecendo-lhes a possibilidade de conhecer a minha história de vida.

Passados mais de quarenta minutos de entrevista, o apresentador propôs que abríssemos o microfone para os ouvintes, deixando-os à vontade para formular perguntas.

PRÓLOGO

Imediatamente aceitei, curioso em saber o que viria e, sobretudo, buscando sentir, ainda que auditivamente, o grau de interesse das pessoas pelo meu livro. A primeira interação veio de São Paulo, de uma moradora do bairro de Moema. Uma mulher de voz madura, com um português irrepreensível e muito bem articulado, cumprimentou-me pelo conteúdo abordado no livro e, especialmente, pela minha força de vontade demonstrada na história de vida relatada. Disse-me que não queria fazer pergunta, apenas parabenizar-me e saber onde seria a sessão de autógrafos, pois gostaria de adquirir um exemplar do livro e colher a minha assinatura no local. Agradeci a amabilidade das colocações e, prontamente, fiz-lhe um convite especial para comparecer ao evento de lançamento em São Paulo.

A partir dessa ligação outras foram se sucedendo, oriundas dos vários quadrantes do Brasil, deixando-me perplexo e incrédulo ante aquela realidade, diante da imensidão territorial que percebi o meu livro percorrer em minutos. Em todas as ligações comecei a observar um fio condutor a permear todas as considerações. Não obstante houvesse algumas referências elogiosas ao conteúdo abordado no livro, era sobre o lastro emocional deixado pela minha história pessoal contada no transcorrer da entrevista que os ouvintes mais queriam comentar, aprofundar detalhes e expressar curiosidade, solidariedade e até admiração.

– *Meu filho, eu queria dizer que a tua história vai servir de motivação para muitas outras pessoas...* – expressava uma senhora – pelo menos a voz assim demonstrava –

ligando de Goiânia. – *A energia de vida que você transmite na sua fala faz a gente pensar que tudo é possível* – argumentava um ex-executivo de vendas, hoje aposentado e morador da cidade maravilhosa do Rio de Janeiro. Enfim, telefonemas sucessivos, um atrás do outro, rompiam a restrição física das ondas sonoras, invadindo o meu corpo, penetrando na minha mente e estraçalhando o meu coração; literalmente, tomavam conta do meu ser.

A entrevista já passava frouxo de uma hora de duração quando entrou uma ligação de Campinas, interior de São Paulo, e uma doce voz feminina do outro lado da linha começou a falar:

– *Boa noite, Carlos Alberto. Eu quero cumprimentá-lo por esta noite que você está proporcionando a todos nós que o estamos ouvindo. Eu quero dizer a você que, hoje, descobri também poder ser uma azeitona e fazer diferença. Eu sou deficiente visual e, apesar de não enxergar, escutando você agora, sei que tenho condições de exercer com muita qualidade inúmeras atividades, aproveitando virtudes que sei que tenho em níveis superiores às outras pessoas...*

Enquanto a ouvinte discorria sobre a força interior despertada nela, os meus olhos marejavam, a respiração antes pausada e tranquila cedia lugar a um ofegante inspirar, como se eu tivesse corrido – e vencido – uma maratona inteira no altiplano da cidade de La Paz.

Finalizada a ligação da ouvinte de Campinas, solicitei com um gesto conclusivo ao condutor do programa que encerrássemos a entrevista. Não dava mais para prosseguir. Havia sucumbido à emoção.

PRÓLOGO

Sem muitas condições para me despedir dos ouvintes, fiz um breve agradecimento, reiterei a alegria daquele instante e finalizei com um "boa noite" cheio de sentimento de gratidão a todos que me proporcionaram momentos inesquecíveis como os daquela noite.

Voltando para o hotel, numa madrugada fria paulistana, retroalimentando a experiência vivida, lembrei-me do amigo Couto e Silva e sua profética frase:

– *Que loucura! Este livro já nasceu iluminado!*

Não tive mais dúvidas. Os depoimentos dos ouvintes – especialmente o derradeiro – combinados com a percepção sensorial extraída daquele incontável número de pessoas presentes no lançamento de Porto Alegre constituíam a base explicativa para o sucesso do livro. Apesar de a concepção inicial ter sido produzir um livro para a categoria de administração e negócios, na prática, ele aliou ao seu contexto um forte componente emocional, revelando-se um híbrido entre o técnico e o motivacional.

Encontrei Flávio alguns dias depois e relatei a ele o fato acontecido na entrevista na rádio, em São Paulo. Ele escutou com atenção e disparou outra frase, com o seu indisfarçável senso místico:

– *Beto, talvez não tenhas percebido, mas o fator emoção é a "Cereja do Bolo" do teu livro.*

Que espetáculo! O *cara*, além de brilhante advogado, ainda é mercadológico! (*risos*)

Simplesmente, sem que ele percebesse, na entrelinha da sua frase veio-me a inspiração para o título do segundo livro: *A Cereja do Bolo*, uma expressão de domínio popular muito utilizada quando queremos definir o detalhe que faz a diferença.

Enfocar a força do *fator emoção* como elemento importante em processos de relacionamento e persuasão humana, mais do que fazer sentido com o título descortinado, pareceu-me um tema interessante a ser mais bem explorado nesta segunda obra.

O *fator emoção* está transcrito no livro *A Azeitona da Empada* em riqueza de detalhes em quase vinte páginas, relatando o infortúnio pessoal na tenra idade e as trágicas consequências advindas dele, transformando a minha história de vida numa trajetória permanente de superação e reinvenção pessoal. Assim, para aqueles que ainda não experimentaram a sua leitura, e reavivando a memória dos que já a fizeram, faço um breve resumo do chamado *fator emoção*.

PRÓLOGO

O episódio ocorreu quando eu tinha apenas 5 anos de idade. Era uma noite úmida de agosto, típica do inverno gaúcho, e eu chegava em casa no automóvel dirigido por meu pai. Sonolento pelo adiantado da hora, sentado no banco traseiro, eu o acompanhava manobrar o veículo à entrada da garagem para, uma vez posicionado adequadamente, sair do carro e abrir manualmente o portão da garagem. Sentado na parte de trás, espremido e apoiado entre os bancos dianteiros, fiquei no carro, aguardando o meu pai cumprir o ritual de abertura do portão, quando, surpreendentemente, adentra o Fusca verde-água uma figura que nunca mais saiu da minha memória: com gorro de lã listrado, casaco de couro e cachecol, senta-se ao volante, fecha a porta, dá marcha a ré e arranca o veículo bruscamente, acelerando comigo dentro, tornando-me protagonista involuntário de um sequestro relâmpago, modalidade de violência infelizmente tão comum nos dias de hoje, porém absolutamente insólita no final da década de 1960.

Fácil imaginar o trauma que atinge um menino de 5 anos passando por uma situação daquelas. Difícil, contudo, seria prever as consequências. Graças a Deus, o desfecho me colocou são e salvo no convívio dos meus pais, irmãos e amigos. Exceção feita a um pequeno problema – se é que poderia chamar de pequeno algo que veio marcar para sempre a minha vida. Ocorre que, até aquele dia, eu era uma criança extrovertida, positiva e com ampla fluência verbal. Passado o impacto do acontecido, fui tomado por uma "gagueira" aguda que, desde a infância, tornou-se uma marca indelével nos anos seguintes.

O menino falante cedeu lugar a um adolescente gago que, a cada dia, experimentava situações tragicômicas, por vezes humilhantes e quase sempre constrangedoras. A falta de confiança pessoal e o medo à exposição oral levaram-me a escolher caminhos profissionais obtusos e frustrantes. Assim, formei-me engenheiro civil pelo simples fato de que, nessa profissão, pouco ou nada precisaria falar, pelo menos assim concebia o meu imaginário cartesiano e pragmático, procurando estratificar as profissões na dualidade simplista das ciências exatas e humanas.

Mas o fato de diplomar-me em Engenharia em nada me assegurou exercer o ofício como profissão eterna. Ao contrário, vi na incongruência entre o perfil da formação acadêmica, alicerçada na frieza dos números, e o da vocação pessoal, notoriamente voltada ao exercício do relacionamento humano, o elemento motopropulsor à prática do autoconhecimento, atributo fundamental para quem deseja vencer e, sobretudo, ser feliz.

Conhecendo os meus pontos fortes e fracos, pude discernir caminhos e buscar na diferenciação pessoal a chave para a superação e, acima de tudo, a base para as minhas conquistas. Ciente das minhas aptidões, e consciente das minhas inabilidades, concentrei-me em desenvolver aquilo de que gostava, com o que sentia prazer e em que funcionava melhor. Assim, recém-diplomado, mesmo gago, decidi abandonar a profissão de engenheiro para enveredar no mundo das ciências humanas, escolhendo a atividade de "vendedor de copiadoras" como o marco inicial de uma grande virada na minha vida.

Não deu outra! Ancorado no desenvolvimento da capacidade do autoconhecimento, apostei tudo nos pontos fortes da minha personalidade, minimizando assim os meus pontos fracos. O outrora engenheiro frustrado, ensimesmado nas suas atitudes e claudicante nas suas decisões, deu lugar a um vendedor efusivo, radiante nas suas ações, firme nas suas convicções e apaixonado por tudo o que fazia. Daí à ascensão profissional foi questão de tempo e perseverança.

A gagueira, é importante ressaltar, ainda adorna, eventualmente, uma ou outra frase, como uma marca pessoal que, confesso, hoje não desejo mais perder. Afinal, ela se tornou ícone da minha luta, referência maior dos meus propósitos e, posso dizer, gerou até um valor agregado à minha imagem.

Hoje, olhando a vida pelo retrovisor, posso assegurar que, se exercesse a engenharia, na prática, seria um profissional mediano, nada mais do que isso. E o que é pior: alcançaria esse rótulo de engenheiro medíocre por meio de um grande esforço pessoal, por estar violentando a minha vocação. Ao contrário, apostando nos pontos que entendia fortes em mim, mesmo tendo de superar as dificuldades inerentes da gagueira, fiz-me um vendedor de sucesso, um executivo respeitado, um palestrante requisitado e, acima de tudo, tornei-me uma pessoa feliz.

E conseguir *vencer, crescer e ser feliz*, mesmo aos olhos de uma leitura mais superficial, é a síntese do *fator emoção* contido no livro *A Azeitona da Empada*. A emoção transcrita no prazer indescritível de poder me desenvolver naquilo de que mais gostava, no que sabia e queria fazer. A emoção da superação, da realização e da constatação de que nada é capaz de obstaculizar a estrada da vocação, principalmente quando esse caminho é conduzido pela força interior e pelo pulsar sanguíneo do coração. Emoção capaz de despertar nos outros reações imprevisíveis e inusitadas, como aquela contida nas frases doces e inesquecíveis da querida ouvinte campineira.

Moral da história: desde o referido diálogo com a ouvinte de Campinas, *A Cereja do Bolo* passou a ser uma constante no meu imaginário. A sua materialização veio com a composição construtiva do que denominei o *Bolo do Sim*, uma figura de linguagem – um gosto pessoal utilizado para estruturações conceituais – que estabelece uma

PRÓLOGO

reunião de ingredientes que considero essenciais à persuasão humana e, por consequência, à construção de uma lógica natural a todos os negociadores que pretendam atingir os seus objetivos, conquistando o coração, a mente e, especialmente, o *sim* do seu interlocutor.

1 OS INGREDIENTES DA PERSUASÃO: CONSTRUINDO O *BOLO DO SIM*

O tema "negociação interpessoal", seja atrelado à complexa condição de cliente, seja no tratamento cotidiano de uma simples relação de comunicação interpessoal, sempre tem gravitado nos meus aprofundamentos teóricos e leituras preferidas. Acho que isso está relacionado com o meu lado sanguíneo, sou um apaixonado por tudo o que faço e, especialmente, um permanente curioso sobre novas teorias e ensaios que envolvam o comportamento humano. Assim, nasceu a ideia de criar a figura de um *bolo*, inspirado no correlato culinário, para retratar o que penso sobre a lógica mais adequada ao caminho do *sim* em um processo de persuasão.

A estruturação do *Bolo do Sim* parte do princípio de que ele seja elaborado utilizando-se uma mistura harmônica de ingredientes. Estes, uma vez combinados, resultam em uma composição saborosa, de paladar equilibrado e, quase sempre, inigualável. Ou seja, analogamente, exatamente como as tradicionais receitas de bolo da vovó.

Refletindo sobre isso, quando pensei em desenvolver a forma de constituição do bolo, lembrei-me da minha querida vó Veny, infelizmente já falecida, que sabia, como poucos, fazer um delicioso pão de ló, talvez a receita mais conhecida de bolo caseiro. Pois a vó Veny, do alto do seu *imponente* 1,51 metro de altura, ao explicar o porquê do sucesso que o seu bolo fazia no tradicional café da tarde com as longevas amigas, externava enfática e solenemente:

– *O segredo é utilizar os ingredientes certos, misturando-os na hora certa, e, principalmente, colocar carinho em cada momento do seu preparo.*

O *carinho* referido pela vó Veny talvez refletisse a necessidade de dedicar atenção especial em cada movimento preciso ao erguimento do redondo monumento culinário, cuidando acuradamente dos detalhes que, quase sempre, fazem toda a diferença. Todavia, por conhecer a afeição particular de minha avó por tudo o que fazia, posso garantir que o carinho por ela expresso significava, acima de tudo, colocar o zelo pela excelência e, especialmente, a vontade de ver estampada nos ávidos comensais, sequiosos pelo momento da verdade, a sensação de encantamento à primeira garfada.

Esse carinho nada mais era do que fazer de tudo para criar emoção ao contexto ambiental do bolo no instante de degustá-lo. Não tenho dúvida: a emoção, traduzida na sensação de experimentar a relíquia culinária da vó Veny, e o prazer muitas vezes inenarrável de degustá-lo certamente eram o retrato mais fiel do encantamento das pessoas: a *cereja do seu bolo.*

OS INGREDIENTES DA PERSUASÃO: CONSTRUINDO O *BOLO DO SIM*

Convicto de que a emoção é a cereja do *Bolo do Sim* nas relações interpessoais, decidi escolher os demais ingredientes que, para mim, constituem elementos fundamentais a essa conquista. Metaforicamente, estratifiquei-os em camadas que, sobrepostas, redundam em um composto estruturado e integrado.

A primeira delas é a *confiança*. Para mim, a base do *sim*. Cá para nós, você consegue concordar com alguém em quem não confia? Claro que não! Salvo apenas se você estivesse em transe comportamental, enlouquecido por uma paixão arrebatadora que o deixasse cego, sem o menor senso de racionalização.

A segunda camada é a *consistência* que o interlocutor percebe em você, nos seus propósitos, na sua ideia ou em uma solução apresentada a ele. Uma pessoa somente adere a algo que está sendo exposto se, na sua percepção, tiver sentido consistência no conteúdo expresso, especialmente quando esse valor serve para atender a alguma necessidade evidente ou a um forte desejo pessoal.

A terceira camada que incluo no *Bolo do Sim* é a capacidade de gerar *influência* sobre o interlocutor. No decorrer de uma argumentação existem fatores que podem gerar esse tipo de ação, em especial os referentes à capacidade de influenciar decisões e os integrantes do processo de comunicação persuasiva. Conhecê-los e, sobretudo, saber aplicá-los no contexto de um relacionamento pode produzir resultados muito positivos ao desfecho do *sim*.

Integrando essas camadas de forma equilibrada e congruente, certamente teremos ao nosso dispor toda a essência para construir um bolo bonito e saboroso. Colocando-as sob temperatura certa no processo de relacionamento, faremos o bolo soerguer em condições absolutamente adequadas para o seu pleno crescimento. Acresça-se a ele o *fator emoção* e, então, não tem erro! Afinal, como expressam conceituados *chefs*, ao degustarmos algo, somos atraídos pelo nariz, comemos pela boca e devoramos com os olhos. Isto é, em culinária, o paladar e o olfato têm, quase sempre, a mesma relevância do que o sentido da visão.

Logo, se os ingredientes dão a substância efetiva ao nosso bolo, a *cereja* da emoção, colocada de forma estratégica no seu contexto, constitui-se no toque definitivo para a conquista do *sim*.

2 AS CAMADAS DO *BOLO DO SIM*

CONFIANÇA

Considero a *confiança* um fator exponencial à profundidade de qualquer relacionamento pessoal. Sem ela os laços que o integram tornam-se frágeis e superficiais, com permanente iminência de rompimento. *Confiança* é tudo em uma relação, dizem alguns, querendo simplificar em uma definição mais conclusiva o verdadeiro teor semântico da palavra. Mas, se não é tudo, no mínimo, é a base para tudo. É pela confiança que começa a fluência do processo de troca entre as pessoas, sendo lastro sólido para os desdobramentos construtivos do relacionamento.

Vejamos o embrião do recente desencadeamento da crise gerada pelo descompasso do mercado imobiliário nos Estados Unidos que, tal qual dominó, buliu de forma instantânea e sequencial todo o tabuleiro econômico mundial. Na base desse episódio – para não dizer hecatombe mercadológica – estava presente a crise de confiança. O crédito malconcedido, a ineficácia de garantias ou a ganância especulativa, fomentados por ganhos fáceis e desenfreados, são retratos fiéis da *maracutaia* instalada no pulsante mercado imobiliário americano. Uma vez revelada a crise, houve uma disseminação de insegurança em todo o mundo. Milhares perderam milhões – alguns até bilhões – num piscar de olhos. Empresas que valiam muito ontem desabaram hoje, e não raras sucumbirão amanhã. Uma loucura! Ninguém se entendendo, um festival de especialistas erráticos emergidos às pressas como salvação opinativa. Governos atônitos, pacotes atrás de pacotes, decretos atrás de decretos, um sequencial compulsivo cujo desfecho visava a um único objetivo: estancar a hemorragia de *confiança* mundial. Isso mesmo: todo o arsenal de elementos no combate à crise, na essência, tem como primado existencial básico a necessidade de recuperar a confiança nas relações entre pessoas, entre empresas e, fundamentalmente, entre mercados.

De novo: se confiança não é tudo, no mínimo, é a base de tudo.

AS CAMADAS DO *BOLO DO SIM*

José María Gasalla, no seu livro *Confiança – A chave para o sucesso pessoal e empresarial*[1], em parceria com Leila Navarro, cita que "confiança é um sentimento gerado quando a verdade é dita e as promessas são cumpridas". Embora possa parecer singela, a definição traz consigo a marca de uma objetividade irretocável, especialmente se analisarmos os elementos componentes da *confiança*.

No ambiente comercial, abordo o tema "confiança" no contexto de vendas, destacando os quatro elementos formadores a serem desenvolvidos pelo profissional dessa área. Cito a *franqueza* como o primeiro deles. Revelador de caráter e transparência pessoal, ser franco é fruto da sinceridade, da honestidade e da autenticidade. Ser franco é reconhecer e enfrentar limitações; é demonstrar convicção e firmeza, sem que para isso sejam necessárias a deselegância, a agressividade ou a arrogância, todas próprias de pessoas inseguras e maquiadas pelo *blush* da falsa fortaleza de personalidade.

O segundo atributo à formação da *confiança* no relacionamento comercial é a *competência pessoal*. Significa possuir habilidades, conhecimento e talento pertinentes à causa que esteja exercendo. Porém, como entendo a *confiança* umbilicalmente atrelada à percepção, mais do que ser, faz-se importante ser visto e percebido como tal, construindo valor pessoal aos olhos e à mente dos nossos interlocutores. Ou seja, não basta *ser* competente; é necessário, também, *parecer ser* competente.

[1] GASALLA, José María; NAVARRO, Leila. *Confiança – A chave para o sucesso pessoal e empresarial*. São Paulo: Integrare, 2007.

O terceiro elemento gerador de *confiança* em vendas é a *solicitude* demonstrada no trato com o interlocutor. Essa disponibilidade e a demonstração de desprendimento pessoal contribuem para a intensidade perceptiva em um relacionamento, estabelecendo uma valorização superior por parte de quem recebe esse tratamento.

Por fim, considero a *capacidade de resolver problemas* o quarto pilar edificador da *confiança* nas relações entre vendedor e cliente. Embora possa parecer paradoxal, sempre gostei de deparar com problemas em minhas relações pessoais e, especialmente, nas comerciais. Não por ser adepto do masoquismo, mas por entender que, ao necessitar administrar ou contornar uma dificuldade com um interlocutor ou um cliente, temos uma oportunidade de ouro para conquistar a confiança da outra parte. Faça uma rápida reflexão e observe como nossa confiança em uma pessoa aumenta quando notamos nela a capacidade de resolver ou ajudar na solução dos nossos problemas. É incrível, mas nos sentimos muito mais seguros quando percebemos redução de riscos em uma tomada de decisão. Certamente se tivermos a percepção de que se alguma coisa fora da normalidade acontecer, no transcorrer de uma relação, haverá uma pronta solução a esse imprevisto, isso irá gerar uma confiança muito maior.

Eu trago um exemplo por mim experienciado que retrata muito bem a pertinência desses quatro elementos na construção da *confiança*, a verdadeira chave da porta do encantamento. Embora já o tenha usado no livro anterior, acho interessante retratá-lo novamente, pois demonstra bem a eficiência prática dos atributos mencionados.

Foi em 2006, eu estava em São Paulo para uma reunião profissional que, imaginei, entraria algumas horas da noite. Sendo assim, previamente programei meu retorno a Porto Alegre, cidade onde resido, para a manhã do dia seguinte. Terminado o encontro, antes de me dirigir ao hotel, dei uma passada em um *shopping center* próximo para, além de fazer um rápido lanche, poder espairecer mentalmente após longas cinco horas ininterruptas de reunião.

Chegando ao *shopping*, resolvi fazer aquela caminhada espiral básica, acompanhando lojas que, uma a uma, mostravam vitrines cuidadosamente decoradas e temáticas com motivos futebolísticos. Estávamos em época de Copa do Mundo e toda a ambiência fazia alusão ao tema. As lojas se sucediam, quando deparei com uma ótica muito bem ambientada e, principalmente, com variada gama de produtos à disposição de compra. Em tempo: preciso admitir ser um cara fascinado por óculos. Pessoalmente, embora necessite deles para corrigir uma hipermetropia associada a um astigmatismo permanente desde a infância, compro-os em quantidade muito acima do normal, tamanha a atração que tenho pela diversidade de formatos, cores ou outras composições estéticas.

Bem, voltando ao universo da ótica referida, ao olhar um modelo muito interessante exposto em prateleira de vidro suspensa, estrategicamente iluminada com lâmpadas dicroicas que produziam suaves fachos incidentais, fiquei vivamente interessado nele. Rapidamente, dirigi-me a uma vendedora jovem e sorridente que, com o olhar esperto e sinuoso, constatava a fixação que tenho por esse tipo de produto:

– *Boa noite, percebo que ficou interessado neste modelo* – disse-me a jovem apontando o indicador com unha bem pintada àquele que realmente havia chamado a minha atenção.

– *É verdade. Gosto muito de óculos e este é um modelo bem diferente em relação a outros que possuo. Poderia experimentá-lo?*

Preço negociado, condição de pagamento definida, faço uma última exigência, antes de confirmar a compra:

– *Por favor, utilize o grau destes óculos que estou usando para fazer as novas lentes. Enquanto eu vou jantar ali na praça de alimentação, você confecciona e, dentro de uma hora, eu retorno para pegá-los.*

Comprador contumaz de óculos, sei que muitas lojas já contam com recursos técnicos para copiar instantaneamente o grau de um para outro par de óculos, bem como para produzi-lo em minutos para entregá-lo ao cliente.

– *Desculpe, mas infelizmente o equipamento que produz as lentes está com defeito e não tenho como fazê-las agora. Assim, por favor, diga-me o seu endereço que providencio a entrega amanhã até o final da tarde.*

Gostei da sinceridade da jovem vendedora ao admitir o defeito do equipamento. Também apreciei a sua solicitude em querer saber o meu endereço para promover a entrega domiciliar. Igualmente, desde o início da minha conversa, percebi nela bons conhecimentos sobre óculos, estilos e tendências mundiais no segmento. Mas havia um problema a ser solucionado: eu estava com embarque agendado para às 10h30 do dia seguinte e, dessa forma, não poderia esperar até a tarde para receber o produto. Talvez pudesse levar os óculos sem as lentes e providenciá-las, posteriormente, em Porto Alegre. Porém, frustrado por não conseguir tê-los prontos naquele momento, disse-lhe que não iria comprá-los, deixando a aquisição para outra oportunidade.

– Por favor, deixe-me fazer uma proposição – disse ela com firmeza, convicção e segurança. *– Notei que você gostou dos óculos e, para mim, isso é o que mais importa neste momento. Percebi também que você é daquelas pessoas que ao comprar um produto gosta de tê-lo disponível para uso imediato. Sendo assim, gostaria de fazer um esforço pessoal para tentar atendê-lo e entregar o produto até amanhã antes do seu embarque. Dê-me um voto de confiança. Prometo fazer de tudo para até às 10h30 entregar-lhe os óculos na sala de embarque do aeroporto.*

Pensei comigo: "Positiva esta menina! Além de competente, solícita e franca, passa uma segurança propositiva rara em profissionais com a sua idade. Gostei, vou dar uma chance para ela comprovar que pode resolver este problema".

– Ok, gostei do seu posicionamento. Espero a entrega no Aeroporto de Congonhas até às 10h30 de amanhã. Como faço para pagar, já que quero fazê-lo no cartão?

Ela voltou a responder com convicção:

– Sem problemas. Não precisa pagar nada agora. Amanhã, no horário combinado, eu levo o produto e acertamos

tudo no local. Caso eu não esteja lá, a venda fica desfeita. Quero, apenas, os seus dados para que possa preencher a nota fiscal e entregá-la junto, amanhã pela manhã.

No outro dia, às 10h30, estava me dirigindo ao saguão de embarque quando, ao me aproximar da porta, vislumbrei aquela menina sorridente. Ao me avistar, fez um leve aceno de mão e, suavemente, ergueu o pacote onde, interpretei, estavam os meus óculos com as lentes colocadas.

Indo ao seu encontro, fui direto perguntando:

– *E, então, tudo certo?*

– *Exatamente como havia me comprometido* – respondeu-me ela, enquanto, com uma das mãos, entregava-me a caixinha com os óculos, induzindo-me gentilmente a experimentá-los.

– *Aqui estão os óculos, por favor, experimente para vermos como ficou* – continuou com voz macia e envolvente.

Enquanto acondicionava o par de óculos nas minhas desnudas orelhas – à época usava um corte de cabelo curtíssimo, ao melhor estilo "escovinha", deixando-as totalmente à mostra –, ela introduziu a mesma mão na sua bolsa retirando do interior um minúsculo aparato que, em desdobramentos sequenciais, transformou-se em um prático espelho portátil.

– *Veja com os próprios olhos se ficou como imaginava.*

Incrédulo, esbocei um leve e contido sorriso, misto de satisfação visual com medo – ou vergonha – de que alguma pessoa conhecida, transeunte eventual em deslocamento para o mesmo embarque, pudesse assistir àquela insólita cena, em que um homem de 1,80 metro observava-se, ridiculamente, em frente de um minúsculo espelho feminino normalmente usado para retocar a maquiagem.

Ao perceber a minha situação desconfortável, mas ciente de que eu havia gostado do resultado, ela resolveu abreviar o meu sofrimento ante o risco de exposição indevida, finalizando:

— *Por favor, permita-me dispor do seu cartão de crédito para que possa concluir o que havia me comprometido* — disse-me ela enquanto, decididamente, retirava da sua surpreendente bolsa uma máquina manual de cartão de crédito.

Um verdadeiro *show* de atendimento. Uma negociação completa e, acima de tudo, o estabelecimento do clima de total confiança. Quer saber mais? Passado menos de um mês dessa compra, o pagamento do cartão ainda nem havia vencido e, novamente, sobrou-me um tempo em São Paulo para visitar o *shopping*. Adivinhe qual a primeira loja a que me dirigi ao chegar no local? Desnecessário dizer, não é?

Não existe persuasão sem a necessidade de negociação. Persuadir é um processo de troca, de concessões e, sobretudo, da busca de consensos e convergências. E a negociação, se pararmos para pensar, nasce com a vida. Desde o primeiro choro, decorrência da famosa "palmadinha" do obstetra, começamos a negociar alguma coisa, ao externar que ali há uma vida a precisar de carinho, de afeto e de muito amor. O tempo vai passando e continuamos a negociar tudo com todos que nos cercam. Quando crianças, negociamos com os nossos pais a comida, as guloseimas, os brinquedos. Na fase mais adolescente, negociamos os patamares aceitáveis de notas na escola, o horário para voltar das "baladas", o aumento da mesada e por aí vai, negociando tudo e com todos.

Ingressando na fase adulta e, especialmente, sendo absorvido pelo mercado de trabalho, negociamos dentro de um contexto corporativo, buscando apoio de pessoas, aprovação de projetos e ações, reajuste salarial, solução de problemas ou ascensão profissional. É lógico que, dependendo do perfil de atividade laboral que vamos executar, temos maior ou menor exigência de conhecimento de técnicas ou princípios de negociação. O certo é que, seja qual for o seu ambiente pessoal ou profissional, em algum momento você vai deparar com a necessidade de desenvolver um processo de comunicação interativa, entre duas ou mais partes, buscando acordos necessários à congruência de interesses diferentes.

Utilizando como referência o *case* da supervendedora de óculos, entendo que o mesmo princípio válido para uma negociação de vendas vale para outros tipos de negociação interpessoal que gravitam ao longo de todas as fases da nossa existência.

Veja, por exemplo, a importância da *franqueza* nos contatos interpessoais. Observe como as pessoas valorizam quem expressa verdade no que comunica. Talvez, por estarmos imersos em um mundo repleto de hipocrisias e falsas aparências, damos ainda mais valor àqueles que nos parecem sinceros, francos e autênticos. Muitas vezes, em favor da valorização dessa referida franqueza, chegamos até mesmo a perdoar eventuais excessos vocabulares ou uma momentosa inabilidade expositiva. A tolerância zero à mentira, à corrupção e às ações inescrupulosas faz com que a franqueza e a sinceridade tornem-se atributos diferenciais a imagem e aceitação pessoal.

Seguindo a analogia com a negociação em vendas, a *competência pessoal* igualmente assume relevância destacada na construção da confiança nas relações interpessoais. Essa competência, que no terreno comercial refere-se ao conhecimento técnico e comportamental no exercício das atividades profissionais, seria o equivalente à consistência de propósitos que uma pessoa necessita ter para o desenvolvimento expositivo de uma ideia, de uma fundamentação, de uma solução ou mesmo de um simples ponto de vista.

A consistência aludida engloba aspectos relacionados com o conhecimento, com as habilidades e com as atitudes que evidenciamos no transcorrer do contato pessoal. Assim, uma pessoa que expresse um conteúdo inadequado ou superficial ao contexto do diálogo travado passa uma imagem ruim ao interlocutor, refletindo em baixa probabilidade de aderência ou afeição por parte deste. E isso impacta, decisivamente, na construção de confiança. Em igual valência, uma eventual falta de habilidade interativa no trato interpessoal pode comprometer, inclusive, um bom conteúdo. Daí o surgimento de algumas máximas da comunicação social, como aquela que se refere ao impacto de uma mensagem estar muito mais atrelado à forma de *como foi dito* do que ao conteúdo do *o que foi dito*. E isso, infelizmente para os adeptos fervorosos do estrito valor do conteúdo, é uma realidade cada vez mais constatada na prática da comunicação.

Vou dar um exemplo. Tenho um amigo que, paralelamente ao seu cotidiano de brilhante executivo, desenvolve atividade docente em uma universidade brasileira. Academicamente, o seu conteúdo é bom, tem boa consistência conceitual e sólidos fundamentos teóricos acerca do que ensina. No entanto, nem de longe iguala-se a muitos colegas de docência no aprofundamento acadêmico dos diversos temas que gravitam no ambiente da administração empresarial; esses, doutores e *peagadês,* muitos com formações curriculares alicerçadas nos melhores bancos universitários do mundo, são verdadeiras enciclopédias ambulantes dedicadas exclusivamente à formação discente. O seu ponto forte, porém, é a sua incrível habilidade interativa, a capacidade de entender as nuanças comportamentais do interlocutor e, sobretudo, o seu sentido de fazer-se perceber por todos os que assistem às suas aulas.

AS CAMADAS DO *BOLO DO SIM*

Pois bem, a cada final de ano, por ocasião das formaturas dos alunos, sabe quem é chamado para *professor homenageado*, o *melhor deles*, o *mestre do ano* ou outro título de reconhecimento, formal ou informal, ao docente mais destacado pelos alunos? Sabe?

Pois é, ele, o meu amigo. Sei que essa situação gera até uma velada ciumeira entre os medalhões acadêmicos, alguns até não conseguindo disfarçar os tradicionais ares de desdém à escolha. Mas, gostando ou não, ninguém pode deixar de admitir que a habilidade interativa do meu amigo, apoiada, obviamente, por uma boa consistência de conhecimento e atitude adequada ao exercício da função, lhe confere uma marca pessoal mais visível e rutilante e, por consequência, um impacto relacional mais efetivo, gerando percepção diferenciada e valorização superior na ótica do seu público-alvo, no caso, os alunos.

Completando a analogia com os elementos estruturantes da confiança no ambiente da negociação comercial, temos ainda outros dois atributos que, igualmente, encaixam-se perfeitamente bem em qualquer tipo de relacionamento pessoal: a *solicitude* e a *capacidade de resolver problemas*. Verdadeiras irmãs siamesas – pois quase sempre se evidenciam de forma conjunta e interdependente –, essas duas valências pessoais fomentam sobremaneira a construção da confiança relacional. É simples avaliar: uma pessoa que se mostra aberta e disponível ao outro, interessada em ajudá-lo ou auxiliá-lo na resolução de problemas, espraia uma atmosfera de cumplicidade, de solidariedade e valorização que contagia o interlocutor. Sem dúvida, isso potencializa a percepção positiva e, tal qual a composição da argamassa na edificação de alvenaria, cria "liga" de alta aderência dentro de uma relação. Além disso, a *capacidade de resolver problemas* é prima-irmã da *competência pessoal*. Quanto mais se é percebido como alguém que sabe contornar situações desfavoráveis, superar obstáculos ou gerar soluções diferenciadas e inovadoras, mais credibilidade vai sendo acrescida à sua imagem e, naturalmente, mais sólida e encorpada vai ficando a sua aura transmissora de confiança.

ATITUDES QUE INSPIRAM CONFIANÇA
Em igual nível aos atributos apresentados como componentes edificadores da *confiança*, insiro as atitudes que inspiram confiança dentro de um relacionamento interpessoal.

A primeira delas é entender que o *exemplo externado* é sempre mais valioso do que qualquer conjunto de palavras. Gosto muito de uma máxima sobre a importância do exemplo na capacidade de persuasão humana: "As palavras emocionam, os exemplos arrastam". Nada mais verdadeiro e contundente do que essa constatação. A verbalização tem um poder significativo na construção de uma argumentação persuasiva, porém, por mais brilhante que seja o seu poder de oratória ou articulação discursiva, ele ainda será incompleto se a sua atitude ou trajetória pessoal não respaldar o que você está expressando naquele momento.

Assim, a ação de *dar o exemplo* é uma atitude essencial à conquista do respeito dos outros à sua pessoa, e a obtenção do respeito é fundamental para o depósito de confiança em você.

Por exemplo, um chefe de departamento que chega sempre no horário adquire respeito dos seus colaboradores à exigência de que todos comecem as suas atividades na hora certa. Um pai que é receptivo ao diálogo, ou mesmo a críticas do filho, assume mais condições de criticá-lo quando este apresentar algum desvio de conduta. Um namorado que não impede a sua namorada de desfrutar dos encontros sociais periódicos com as suas colegas de faculdade tende a conseguir a mesma permissão quando tiver um evento similar com os colegas de trabalho. Em resumo: o exemplo gera respeito, estimula reciprocidades e fomenta a confiança mútua.

Outra atitude que implica reflexos imediatos na construção da confiança é a *convicção* demonstrada nas argumentações com o interlocutor. Ela é a resultante da combinação do conhecimento pessoal, da transmissão de segurança e do controle situacional que temos durante o contato pessoal. Uma argumentação convicta do emissor no processo de comunicação interpessoal produz efeitos muito positivos no receptor, reduzindo o risco de dissonâncias interpretativas e diminuindo a tensão natural gerada por inseguranças eventualmente presentes na outra parte.

Veja este caso da minha filha, Juliana, que recentemente ingressou na faculdade de Arquitetura. Dias desses, ela chegou à noite em casa, vindo da universidade, entrou no meu quarto e abordou-me com certa preocupação:

– *Pai, preciso da sua ajuda* – suplicou-me com sua inconfundível voz mansa e penetrante, certamente trazendo no seu timbre a rara e atávica habilidade em saber negociar.

Deitado na cama, exausto depois de um dia intenso de trabalho, esboçava os primeiros passos à entrada do estado de vigília do sono. Despertado abruptamente, mesmo que por tão doce voz angelical, expressei sobressaltado:

– *Ajuda? O que houve?*

Ela, sentindo que havia me assustado, procurou contemporizar a situação e foi logo explicando:

– *Pai, não é nada demais. Apenas preciso que você me ajude a entender melhor este texto sobre semiótica, pois amanhã eu tenho de fazer uma apresentação em aula* – externou-me ela enquanto alcançava-me um conjunto de folhas xerocadas, em que letras miúdas constituíam parágrafos intermináveis, especialmente diante do cansaço pelo qual eu estava tomado naquela hora.

– *Não acredito nisso! Agora, quase meia-noite* – disparei contrariado pela interrupção intempestiva do descanso. Inapropriadamente, fui veemente e instintivo, esquecendo--me da minha função de pai e, mais ainda, da premência e da angústia que dela se apoderavam ante o desafio a que seria submetida.

Refeito do susto, racionalizando a situação, pus-me a ajudá-la. Comecei a ler o texto, buscando decifrar os signos nele contidos; afinal, estudar os sentidos dos sinais inerentes à semiótica, muitas vezes, chega a ser tarefa para Sherlock Holmes.

Trocando ideias com ela, pude senti-la um tanto insegura em como repassar aos colegas, em apresentação oral e coletiva, o conteúdo ali contido. No fundo, ela possuía bom conhecimento conceitual do texto, mas temia não ter condições de sustentá-lo em público por longo tempo.

Assim, sentindo essa situação, propus-lhe que usasse a seguinte estratégia expositiva: após eleger os principais conceitos extraídos do texto, apresentá-los com firmeza vocal, com segurança postural e, sobretudo, com uma forte integração das linguagens verbal e não verbal, pois isso potencializaria enormemente a sua capacidade de comunicação e persuasão. Ela aceitou a sugestão e foi à prática.

No outro dia, ao retornar da apresentação, entusiasmada, foi logo comentando:

– *Pai, foi sensacional. Parece até que "baixou um espírito em mim", pois eu não parava de falar, estava segura e sentia a atenção de todos sobre mim, como que absorvendo tudo o que eu dizia. O professor, inclusive, no final, veio me cumprimentar pela apresentação e domínio que eu tinha demonstrado sobre o tema.*

Esse exemplo da minha filha estabelece bem a importância da convicção na conquista da confiança. A comunicação assertiva, fruto da convicção expressa por atitude, gestos e palavras utilizados por ela, conspirou favoravelmente para que todos os colegas – e mais o professor – confiassem no que ela estava dizendo e aceitassem as suas colocações como verdadeiras, consistentes e apropriadas.

Além de *dar o exemplo* e da *convicção*, incluo a *valorização do interlocutor* como um elemento a completar o elenco de atitudes que entendo fundamentais à conquista da confiança.

Desde pequeno aprendi com a minha mãe que nunca deveria fazer com o outro aquilo que não gostaria que fosse feito comigo. Ou seja, antes de agir ou relacionar-me com alguém, ela recomendava-me que cuidasse bem o que estaria propondo nesse relacionamento. E sempre procurei seguir isso à risca.

Quando adolescente e jovem adulto, por exemplo, sempre fui um *cara* muito namorador. Talvez pela forte influência da emoção na minha personalidade, eu adorava experimentar novas situações idílicas, invariavelmente fomentadas pelo fogo da paixão juvenil. Recordo-me que, para muitas delas, sublimava a relação compondo canções melosas, quase sempre alicerçadas em rompantes juras de amor eterno, desejos inauditos ou outras proezas vocabulares, tão comuns em mentes verdes e apaixonadas, próprias dos *teenagers* da época.

Porém, durante toda a errática trajetória das paixões, sempre procurei cultivar o ensinamento da minha mãe, evitando fazer com os outros aquilo que não gostaria fizessem comigo. Logo, mesmo com o estímulo da pureza e do arroubo juvenis, buscava controlar-me para coibir a possibilidade de um flerte paralelo. Afinal, colocando-me no lugar das namoradas, não gostaria de estar passando pelo mesmo risco na direção contrária.

Eu trouxe esse exemplo, obviamente revestido de excessos pertinentes às licenças poéticas, para expressar uma característica importante de valorização do interlocutor: a do respeito e a da estima com quem interagimos. Quando nos relacionamos com alguém, devemos ter a consciência de que do outro lado existe alguém esperando receber respeito e estima, independentemente do tema, da situação ou do momento em que isso acontece. Se a percepção dessa pessoa colidir com as suas expectativas acerca disso, criam-se entraves ao *sim*, pois os caminhos para o envolvimento mútuo e harmônico entre as partes enfrentarão sobressaltos e obstáculos à sua trajetória.

A base para essa valorização é o comprometimento necessário ao contexto da comunicação interpessoal. Isso sugere destinar toda a atenção ao nosso interlocutor, colocando-o como a coisa mais importante naquele momento. Nada pode ser mais relevante do que o que ele está dizendo, fazendo ou pensando. Ele é o foco e isso lhe passa a sensação de sentir-se prestigiado, reconhecido e, sobretudo, valorizado.

Na prática, recomendo duas ações que proporcionam valorização durante uma comunicação interpessoal: *benevolência* e *ouvir ativamente*.

A *benevolência* é a boa vontade expressa na relação, estando ligada à condição de disponibilidade em atender, solucionar problemas ou simplesmente servir o interlocutor. A palavra *servir*, atrelada ao relacionamento pessoal, vem ganhando espaços relevantes na conceituação de liderança. O recentemente incensado consultor James Hunter traduz no seu *best-seller O Monge e o Executivo*[2] a importância do ato de doação na gestão de pessoas. Em processos de relacionamento, *servir* também é um predicado fundamental à sintonia com o interlocutor, especialmente na construção de uma atmosfera de cumplicidades e reciprocidades tão propícias a trocas dessa natureza.

O saber *ouvir ativamente*, expressão cunhada pelo especialista em negociação norte-americano William Ury[3], significa ir muito além de escutar o interlocutor; é, sobretudo, dar importância ao que ele diz. Essa simples postura auditivo-comportamental é capaz de produzir uma expressiva diferença na sua percepção. Procure testar, em um próximo contato pessoal, a reação do interlocutor quando você se predispõe a *ouvi-lo ativamente*. É incrível! O grau de reciprocidade de atenção de alguém quando o escutamos ativamente cresce exponencialmente. As pessoas tendem a dar mais atenção a quem dá atenção a elas. E como fazemos isso? Bem, tenho o meu formato de *ouvir ativamente*, porém cada um pode montar o seu, desde que o princípio seja o mesmo, isto é, dar atenção sincera e total ao interlocutor.

Naturalmente, por característica pessoal, utilizo o seguinte formato: uso muito a linguagem não verbal para expressar o meu *ouvir ativamente*. Enquanto o interlocutor

---

[2] HUNTER, James C. *O Monge e o Executivo*. Rio de Janeiro: Sextante, 2006.

[3] URY, William; FISCHER, Roger. *Getting to Yes*. Nova York: Penguin Books, 1983.

fala, busco concentrar-me nele como a coisa mais importante naquele momento. Procuro olhá-lo nos olhos para evidenciar o interesse no que está sendo exposto por ele. Em complemento, de acordo com as suas colocações, deixo fluir os meus movimentos faciais (concordância, surpresa, alegria, consternação etc.), como que acompanhando o sentido do conteúdo apresentado. Acho adequado deixá-lo falar sem interrupções abruptas e, educadamente, vou entremeando com perguntas sucintas na busca de concordância mútua sobre o assunto que está sendo abordado. Vai sendo criada, então, uma sintonia cada vez mais crescente entre nós, favorecendo sobremaneira a intensidade da nossa comunicação. *Ouvir ativamente* cria uma sensação de valorização no interlocutor, demonstra interesse e, tal qual um princípio físico, gera reação em vetor contrário, em um mesmo sentido e de igual intensidade.

Uma experiência recente que vivi com o meu filho Felipe, de 16 anos, evidencia bem esse tipo de percepção. Eu estava concentrado em frente do computador, analisando alguns *sites* de minha preferência, quando ele me abordou para fazer algumas colocações sobre o desempenho da equipe do Grêmio – um dos mais tradicionais clubes de futebol no Brasil e uma das nossas grandes paixões. Felipe, além de um adolescente de estilo falante e carismático, possui um temperamento emocional e vibrante, contagiando todos que o cercam.

– *Pai, acho que o Grêmio, nestas últimas partidas, está jogando muito retrancado, sem ambição para atacar...* – E por aí discorria em um sequencial de frases intermináveis, quase todas expressando o seu desalento sobre o futuro do nosso time no campeonato.

Confesso que, absorto no universo virtual dos meus *sites*, respondia laconicamente por meio de concordâncias em efeito dominó. Agia quase com a mesma simplicidade da época em que *chutava as respostas sempre na mesma letra* na difícil e inesquecível prova de Química, quando prestei vestibular para ingressar na faculdade de Engenharia Civil. As suas ponderações iam se sucedendo e eu, com o olhar fixo na tela, concordava mecanicamente com tudo o que falava. Foi quando ele fez uma breve pausa e, com voz firme, timbre acentuado e irrepreensível concordância do verbo com o sujeito na segunda pessoa, bradou:

– *Baita enganador que tu és, pai!*

– *Como assim?* – respondi prontamente, ao mesmo tempo em que, interrompendo a minha pesquisa digital, virava o olhar em sua direção.

Ele, destemido, continuou:

– *Pô, pai, tu escreves um livro destacando que as pessoas precisam ouvir ativamente, dando atenção aos outros, olhando nos olhos e coisa e tal, e, na prática, eu estou falando contigo e tu não me dás a mínima bola!*

Sorri constrangido, afinal, ele havia lido o meu livro por completo e, para minha surpresa – com misto de satisfação –, colhido nele o subsídio para constatar na prática o que eu tinha escrito. Parei tudo e pus-me a ouvi-lo com a máxima atenção.

Deixo, então, uma pergunta para reflexão: se um menino de apenas 16 anos percebe – e reclama – a falta de atenção em um processo de comunicação interpessoal, o que dirá um adulto ao vivenciar situação semelhante? Outro fator importante a ser considerado na habilidade de *ouvir ativamente* é a capacidade que ela tem em aplacar a *voz interior* negativa. Douglas Stone, um dos autores do livro *Conversas Difíceis*[4], comenta que, quando uma pessoa fala com outra, "escutam-se" duas vozes: uma audível, do emissor da mensagem; e outra interna, referente a como o receptor está decodificando o que é dito, qualificando o emissor. Assim, quando estamos argumentando com um interlocutor, devemos ter ciência, permanentemente, da existência de uma surda voz interior a rotular-nos, positiva ou negativamente, acerca do que estamos expondo. Nesse sentido é que pondero sobre a importância de *ouvir ativamente*. Ao dar atenção ao interlocutor, estamos construindo uma estrada de aceitabilidades futuras, minimizando a ocorrência de objeções emocionais ou subjetivas e favorecendo enormemente a efetividade da nossa argumentação. Resumindo: ao *ouvir ativamente* na rodovia da comunicação interpessoal, estamos reduzindo a incidência do *não* e pavimentando o caminho para o *sim*.

---

[4] STONE, D.; PATTON, B.; HEEN, S. *Conversas Difíceis*. Rio de Janeiro: Alegro, 2004.

CONSISTÊNCIA

O meu segundo elemento constituinte da persuasão, ou, como ludicamente estou chamando, a segunda camada do *Bolo do Sim*, é a *consistência*, a parte mais racional deste processo. Ela compreende todo o nosso arsenal de conteúdos disponíveis e, efetivamente, percebidos pelo interlocutor.

Mercadologicamente, enfoco este atributo sob a denominação de *Construção de Valor* ao consumidor, pois, em vendas, podemos definir a consistência de um produto ou serviço como *a medida que identifica o quanto um cliente está disposto a pagar para ter os benefícios advindos dele.* Assim, mais valor terá esse produto ou serviço quanto maior for o resultado aritmético dos benefícios contidos nele, menos o custo necessário para usufruí-los.

Porém, o mais importante nesta definição é compreender que o produto, serviço, ideia ou argumento em si não tem valor algum. Ele só adquire a condição de ser valorizado quando passa a ter seus benefícios percebidos pelo cliente ou interlocutor. Em outras palavras, não somos nós que definimos os seus valores, e sim o interlocutor, na condição de cliente ou não, quem os qualifica e quantifica o que valem.

Discorrendo sobre essa dissonância cognitiva na percepção de valor, recordo-me de um caso que, para mim, evidenciou sobremaneira essas diferenças.

Eu era diretor de marketing de uma instituição financeira muito conhecida por um produto de crédito voltado para as classes mais populares, mais especificamente àquelas pessoas com necessidades financeiras mais prementes e mais aderentes aos chamados "créditos rápidos ou instantâneos". Nesse contexto, com o acirramento da competitividade mercadológica, permanentemente havia a exigência de que estivéssemos inovando, criando novos formatos de atração dos clientes e, sobretudo, angariando simpatia e preferência à escolha. A instituição em que eu exercia essa atividade executiva, uma empresa sólida e tradicional, tinha alta reputação com o público-alvo desse produto – o crédito rápido –, especialmente pelas políticas de excelência no atendimento ao cliente, uma das molas mestras a impulsionar as suas atividades de marketing.

Como executivo de marketing sempre tive um estilo inquieto, empreendedor e principalmente apaixonado por ações inovadoras e inauditas. Busquei muito mais do que incrementar melhorias, acrescentar diferenciais que pudessem, por algum tempo, ser exclusividade no relacionamento com o cliente. Determinada vez, eu tive um *insight* que, à primeira vista, pareceu-me uma sacada simples e genial. Em tempo: profissionais de marketing, em geral, têm o *chato* vício de, não raras vezes, acharem as suas ideias as melhores do mundo, e comigo isso também não é diferente (*risos*).

Bem, mas retornemos à ideia pretensamente genial. Ela consistia em oferecer, de brinde, a todos que fizessem um crédito instantâneo, uma bolsa multiuso, apropriada para acondicionar desde aparatos pessoais para práticas esportivas até elementos e materiais para o uso pessoal diário. O material, bom e resistente, tinha *design* bonito e moderno.

Porém, o fato de fornecer como brinde uma bolsa não consistia em nada *sui generis*. Afinal, brindes são brindes em qualquer lugar do mundo. O diferencial teórico na concepção estava na forma de aproveitamento da bolsa. A ideia original consistia em torná-la um elemento de comunicação massiva e crescente no tempo. Assim, ao oferecer um brinde de valor agregado percebido (havíamos feito uma pesquisa e constatado que a bolsa multiuso era assim qualificada), teríamos nele algo facilmente aproveitável no cotidiano das pessoas. Alcançado tal objetivo, seria pertinente pensar em criar condições para explorar o uso do brinde como elemento de divulgação da marca do nosso produto financeiro, o crédito instantâneo.

Bingo! O ciclo criativo estava completo: colocaríamos a logomarca do produto em um local visível e estratégico e, com o uso regular das bolsas no dia a dia dos clientes, teríamos em pouco tempo milhares, dezenas de milhares, enfim, uma quantidade interminável de bolsas perambulantes pelas ruas. Elas agiriam como verdadeiros *outdoors* móveis nas principais artérias e locais públicos das cidades.

De cara, solicitei a confecção da primeira "fornada" de bolsas, algo como 10 mil unidades, cuidando para não faltar no estoque e prevendo uma adesão total dos clientes à campanha promocional.

Tudo pronto, bolsas preparadas, começamos a distribuição nas lojas da cidade utilizada como projeto-piloto para essa ação. Passada a primeira semana da campanha, eu havia percorrido as ruas de maior fluxo da cidade, comparecido aos *shoppings*, visitado cinemas, circulado pelas feiras, supermercados, universidades, escolas... e nada! Nenhuma bolsa na rua.

Angustiado com a situação, sondei as lojas que integravam o projeto-piloto para saber a repercussão no momento do recebimento da bolsa, a constatação da existência de rejeições ao tipo de brinde ou outra espécie de aspecto pontual que pudesse explicar a inexistência do efeito comunicacional esperado. Em todas as minhas indagações, as respostas eram unânimes em apontar a plena satisfação dos clientes com o recebimento do mimo.

Mas, se todas as evidências conspiravam a favor, por que as bolsas não apareciam nos braços ou ombros das pessoas?

A resposta não tardou a aparecer. Decorridos, aproximadamente, quinze dias do início da campanha, cruzando a pé uma das principais ruas do centro da cidade--piloto, observando uma fila de pessoas na parada de ônibus, vi uma senhora empunhar uma bolsa que, a uma distância estimada entre cinco e dez metros, pareceu-me ser *a* bolsa, o brinde da promoção. Fixei o olhar nela e, discretamente, fui me aproximando para me certificar da veracidade da percepção. Não tive mais dúvidas, aquela era a *minha* bolsa. Os olhos, vivos pela descoberta, percorreram avidamente o campo lateral da visão em busca da logomarca. Não encontrando o menor vestígio visual da sua existência, fui chegando cada vez mais perto e continuava a nada encontrar. Decepcionado com o sentimento de confusão, comecei a me afastar, lenta e consternadamente, quando, em um último fitar com a lupa investigativa, observei que a logomarca, objeto de tanta procura, na verdade estava lá. Contudo, em vez de estar saliente e destacada, como pressupunha a estratégia inicial, ela apresentava a sua superfície integralmente coberta por múltiplos e sequenciais riscos à caneta, deixando-a praticamente invisível aos olhos de qualquer observação desatenta.

Surpreso e desajeitado, apresentei-me à senhora que a carregava:

– *Boa tarde, meu nome é Carlos Alberto, eu trabalho na empresa que lhe presenteou essa bolsa. Estou muito feliz em vê-la usando, pois demonstra que o nosso presente está sendo de muita utilidade aos nossos clientes.*

Enquanto eu fazia a peroração sobre a bolsa, ela me olhava com um leve sorriso nos lábios e, aproveitando-se de uma respiração proeminente entre uma e outra frase, falou:

– *Realmente, a bolsa é muito útil. Eu também gosto muito do atendimento de vocês e, sempre que preciso, utilizo os serviços de crédito fornecido.*

AS CAMADAS DO BOLO DO SIM

Encorajado pela espontânea aprovação, aproximei-me um pouco mais e, apontando para a bolsa, perguntei-lhe o porquê de a logomarca estar encoberta pelo emaranhado de riscos à caneta. Ao que ela, aproximando-se suavemente do meu ouvido, sussurrou em tom baixo e adocicado:

– *Sabe o que é, meu filho? Eu apaguei a marquinha porque não quero que alguém saiba que eu estou "dura".*

Respirei fundo, agradeci-lhe a preferência e despedi--me arrasado.

– *Dez mil bolsas! Animal, energúmeno...* – bradava a minha voz interior, em uma autocrítica impiedosa e ácida para com tamanho erro de mensuração de valor ao cliente.

Essa implacável realidade emblematiza bem a gênese da construção de valor: o valor está na percepção do outro, e não naquilo que queremos ou entendemos que valha o que oferecemos. O brinde era atraente, a sua utilização era pertinente e a imagem da empresa, comprovadamente, era a melhor possível para os clientes. Entretanto, mesmo sob esse forte ambiente positivo, a percepção da identidade, intensamente ligada à solução de dificuldades financeiras, trazia consigo uma sensação de constrangimento público ao reconhecimento dessa situação. Daí a explicação de que, apesar de gostar do produto, de perceber excelência no atendimento e valorização pessoal na concessão do crédito recebido, a cliente referida não desejava expor a marca, considerando-a reveladora do seu atual *status* financeiro. E, assim como aquela senhora, muitos outros clientes, mesmo sentindo no objeto "bolsa" um valor de utilização efetivo, entenderam que o reflexo da interpretação de terceiros à condição de *estar passando por dificuldades financeiras* representava um vetor contrário – e com maior intensidade – ao uso público.

A base da *consistência* nas relações de marketing ou vendas é a mesma para qualquer tipo de negociação nas relações pessoais: *construir valor ao outro*. Refiro-me ao valor no sentido lato da palavra: algo que possa ser desejado e interpretado como de utilidade efetiva na percepção desse *outro*; um benefício, um conhecimento, um posicionamento, uma frase, enfim, algo em que *vale a pena* investir tempo, atenção e até dinheiro para desfrutá-lo.

A primeira habilidade importante para construir essa *consistência* é a *empatia*, ou a capacidade de sabermos nos colocar no lugar do outro. Empatia não significa simpatia, muito embora *ser simpático* possa ser uma virtude apreciável no contexto da persuasão. *Ser empático*

significa entender o interlocutor e, muito especialmente, o seu foco. É conhecê-lo melhor, os seus problemas, as suas necessidades, as suas vulnerabilidades, as suas fortalezas. *Empatia* é a chave para melhor conhecer e tratar os pensamentos, os sentimentos e as idiossincrasias do interlocutor. Afinal, a única maneira de aumentar o nosso valor ao interlocutor é nos tornarmos mais valiosos para ele. Para que isso ocorra, precisamos conhecê-lo com mais profundidade, a fim de ter condições de atender melhor às suas expectativas.

A segunda habilidade é *saber escutar*. Quando abordei anteriormente o atributo da *confiança*, mencionei o *ouvir ativamente* como um elemento importante na sua concepção. O *saber escutar*, no entanto, apanha outro enfoque da audição. Refere-se à forma como decodificamos o que escutamos. Em geral, as pessoas ouvem muito, mas escutam pouco. Na interpretação desse trocadilho semântico que construí, quero expressar o quanto racionalizamos pouco o que ouvimos. Isto é, na ânsia de querer falar e argumentar, atropelamos e interrompemos o nosso interlocutor, muitas vezes tentando adivinhar o que ele está querendo dizer, como se a premonição fosse um dom natural e corriqueiro em nosso dia a dia. Esquecemos de assimilar que a melhor forma de argumentar é saber *o quê* e o *porquê* argumentar.

Argumentação, uma das maneiras de externar a consistência, é a exposição verbal do conteúdo que esperamos poder ser apreciado pelo interlocutor. Assim, quanto mais soubermos o que ele necessita ou deseja receber, mais condições teremos de satisfazê-lo e mais consistentes nos tornaremos à sua percepção. Logo, *saber escutar* assume papel importantíssimo no fomento à consistência pessoal. Mas para *saber escutar* faz-se fundamental saber *o quê, o porquê* e o *como* devemos perguntar.

Fazer perguntas é uma arte. Leigamente, pode até parecer simples, mas se trata de um dos aspectos mais complexos e difíceis na comunicação interpessoal. Os profissionais do Jornalismo, por exemplo, aprendem à exaustão a desenvolver a habilidade de perguntar como atributo principal ao desenvolvimento de uma matéria. Os publicitários, outro grupo de profissionais de comunicação, defendem que uma boa campanha publicitária depende da qualidade do *briefing* coletado com o cliente, em que as respostas às célebres perguntas *o quê, para quem, porquê, como, quando, onde* e *quanto* tornam-se a chave do seu sucesso.

Na área de vendas, perguntar é a essência do *sim*. Neil Rackham, em seu legendário livro *Spin Selling*[5] [*Alcançando Excelência em Vendas*], recentemente traduzido para o português, cunhou quatro tipos de perguntas que certamente se encaixam perfeitamente em qualquer modalidade de negociação pessoal: as perguntas de *situação*, de *problemas*, de *implicação* e as de *satisfação de necessidades*.

As *perguntas de situação*, como o próprio nome diz, são aquelas que devemos fazer para nos situarmos acerca de fatos e circunstâncias que circundam o interlocutor, as suas percepções, as suas necessidades e os seus sentimentos. Elas são muito comuns em primeiros contatos, servindo como um *abre-portas* para que possamos obter um panorama geral a ser explorado.

As *perguntas de problemas* servem para fazer emergir dificuldades ou eventuais insatisfações decorrentes da existência de problemas. Elas são desencadeadoras de estímulo à mudança, soerguendo desconfortos e, essencialmente, despertando interesse e ajudando na elaboração da construção de valor a ser apresentado ao interlocutor.

As *perguntas de implicação*, talvez as mais poderosas, ampliam a importância do problema emergente e, em consequência, proporcionam uma ambiência mais favorável à valorização dos argumentos e das soluções apresentadas.

Por fim, completando o elenco do tipo de perguntas, Rackham inclui as *perguntas de satisfação de necessidades*,

---

[5] RACKHAM, N. *Spin Selling*. Columbus: McGraw-Hill, 1988.

aquelas que utilizamos para aferir com o interlocutor o valor por ele percebido à argumentação ou solução oferecida, estimulando reações que, quando positivas, alicerçam muito o caminho para o *sim*.

Faça um teste. Em um próximo contato pessoal, quando o contexto necessitar de negociação, estabeleça a sua abordagem dando especial atenção à formulação de perguntas e, em especial, procurando estruturá-las dentro dos quatro tipos estratificados. Inicie pelas *perguntas de situação* (descobrindo fatos ou características essenciais – pessoais, comportamentais ou contingenciais – do interlocutor); depois passe às *perguntas de problemas* (fazendo emergir e distinguindo situações ou insatisfações que desconfortam o interlocutor); em seguida, aumentando a importância dos problemas detectados, faça uso das *perguntas de implicação* (promovendo um pleno entendimento e percepção do interlocutor sobre os impactos decorrentes dos problemas surgidos). E, sempre que possível, acoplada sequencialmente a cada resposta derivada de uma pergunta de implicação, extrapole com uma *pergunta de satisfação de necessidades*, deixando mais concreta e mensurável a solução sugerida.

Essa lógica de perguntas é universal, valendo tanto para negociações em vendas como para qualquer outro tipo de interação na relação humana. Faz quase três décadas que Neil Rackham classificou dessa forma a estrutura de fazer perguntas no contexto de uma negociação. E até hoje tal classificação continua sendo um dos mais efetivos meios de iniciar uma investigação persuasiva.

AS CAMADAS DO BOLO DO SIM

A terceira valência constituinte da *consistência* é o *conhecimento de causa*, seja ele alicerçado em bases teóricas ou práticas. Uma argumentação consistente pressupõe múltiplas habilidades e *performances*, mas nenhuma delas prescinde do domínio do assunto e, obviamente, do nível de conhecimento necessário à caracterização dessa situação.

Quando evidenciei o fator *confiança* na edificação da persuasão, acentuou-se que a *competência pessoal* era um componente importante nessa construção. Naturalmente, o lastro fundamental dessa competência é a densidade de conhecimento que uma pessoa deve ter. Ninguém consegue ser competente se não tiver o conhecimento necessário para exercer essa competência. Não estou falando do conhecimento acadêmico, embora a academia seja, ainda, um logradouro indiscutível à obtenção de conhecimento. Mas, particularmente, refiro-me ao conhecimento no sentido mais amplo de absorção de informações e, especialmente, de aplicabilidade prática decorrente das suas utilizações.

Não quero aqui gerar polêmica com o universo acadêmico, afinal sou egresso dele e, por algum tempo, dentro dele militei como docente. Entretanto, não podemos *tapar o sol com a peneira*: conhecimento sem aplicabilidade pouco ou quase nenhum valor agrega a alguma coisa no mundo real. A teoria é importante quando utilizada como base efetiva a desdobramentos práticos; ela por si, emoldurada sob uma aura estratosférica, pouco tangível ou distanciada da realidade, não passa de devaneios ou viagens mentais líricas, não raras vezes lúdicas e inconsequentes.

Uma frase eu levo comigo como um dos norteadores da minha vida profissional: *o valor de uma teoria é diretamente proporcional à aplicabilidade prática a que ela induz*. Ou seja, em um mundo a cada dia mais competitivo, dinâmico e mensurável, a teoria tem de gerar efeito prático e, sobretudo, resultados.

Quer uma prova de que a consistência sugere aplicabilidade? Acompanhe comigo a seguinte lógica: um *dado* pode gerar *informação*, que pode gerar *conhecimento*, que pode gerar *insight*, que pode gerar um *fato*, um *ato* ou uma *situação*. Certo?

Agora, eu pergunto: *qual o nível de consistência de um dado que não gera informação de valor? Ou da informação que não produz conhecimento? Ou do conhecimento que não estimula* insight*? Ou da ideia que não pode ser aplicável e, portanto, nada gera de prático?*

Respondo: *nenhum!* Inexiste consistência quando a aplicabilidade é nula.

Em processos de persuasão nas relações pessoais, a consistência de um argumento também é diretamente proporcional à percepção do seu valor de solução ou da sua pertinência fática e prática ao interlocutor. Lembra da frase "As palavras emocionam, os exemplos arrastam" já referida anteriormente? Adaptando-a ao contexto da consistência, poderíamos parafraseá-la dizendo que "a teoria induz, a prática convence". E se persuasão, "aurelianamente" falando, é o ato ou efeito de levar a crer, aceitar ou convencer alguém, a consistência do *Bolo do Sim* passa, necessariamente, pelo valor prático do conhecimento percebido pelo interlocutor.

A *consistência* também tem muito que ver com *concretude*, outro ingrediente da sua composição. No livro *Ideias que Colam*[6], os autores Chip Heath e Dan Heath inserem a *concretude* como uma das qualidades essenciais da aderência de uma ideia às pessoas. Eles defendem que algo é considerado concreto quando se consegue analisá-lo por meio de seus sentidos. Por exemplo, um motor de automóvel V8 é concreto, o alto desempenho é abstrato. A linguagem costuma ser abstrata, mas a vida nunca é abstrata.

Chip e Dan salientam, ainda, que até mesmo uma estratégia de negócios mais abstrata, quando formatada à compreensão e execução, deve ser revelada nas ações tangíveis dos seres humanos, pois a abstração dificulta a compreensão de uma ideia e, especialmente, a sua fixação.

---

[6] HEATH, Chip; HEATH, Dan. *Ideias que Colam*. Rio de Janeiro: Campus, 2007.

A crescente utilização empresarial dos métodos de treinamentos experienciais é outra evidência da necessidade de concretude, inclusive no ambiente do ensino-aprendizado, marcadamente um universo gravitado por fundamentos teóricos.

Deixe-me contar outra experiência pessoal. Como referi na parte inicial deste livro, fui acometido por uma gagueira desde a tenra idade e, com ela, convivo harmoniosamente ao longo de todos esses anos. Quando jovem, ela era aguda e intermitente; hoje, suave e incidente. Mas é uma anomalia verbal, charmosa é verdade (*risos*), porém uma anomalia com a qual, permanentemente, tenho de conviver.

Nessa convivência, utilizo alguns recursos que se tornaram marca registrada àqueles que comigo convivem. Uso gestual pronunciado, pausas fonéticas estratégicas, respiração diferenciada, alongamentos melodiosos de sílabas e, principalmente, lanço mão de um farto vocabulário que as dificuldades naturais desta tartamudez me fizeram construir. Fruto de muita leitura e gosto pessoal, vou devorando palavras, atrelando-as a sinônimos, com a mesma facilidade com que degluto um pudim de leite, o meu doce predileto. A necessidade de relacioná-las com sinônimos decorre do fato de ter sempre um *plano B* – ou a *palavra B* – quando pressinto que irei trancar em determinada frase, especialmente quando nela deparo com um encontro consonantal.

Abrindo um parêntese: lembrei, agora, da tragicômica situação que costumava passar quando, adolescente, atendia ao telefone da minha casa e, do outro lado da linha, o interlocutor perguntava:

– *De onde fala?*

Putz! Era um horror! Até eu terminar de expressar o *três, três, três, três, treze, nove, três,* o número completo do telefone da família Carvalho, não raras vezes o outro lado da linha já havia desligado, imaginando tratar-se de um "contratrote". Também, pudera, era muito encontro consonantal junto! Até hoje tenho trauma de pronunciar o número *três* (*risos*).

Fechando o parêntese e voltando aos sinônimos, eu tinha – e tenho até hoje – uma técnica para melhor memorizar e introduzir ao uso cada nova palavra aprendida: invariavelmente, ao lê-la em um texto, automaticamente eu procuro imaginar a sua utilização prática, colocando--a numa frase factível ao meu dia a dia. Procuro deixá-la familiar ao meu subconsciente, a ponto de ela emergir naturalmente, quando necessário, em meus múltiplos diálogos diários.

Incrível, mas a assimilação e a fixação à memória ficam muito mais facilitadas quando o contexto prático participa desse processo cognitivo. Isso é concretude. É dar vida fática ao que se faz. É tangibilizar situações, facilitando a compreensão e favorecendo relações. Tudo isso também gera consistência. Assim, ao argumentar, sempre que possível devemos procurar dar essa concretude ao que expressamos, facilitando a interpretação do interlocutor, reduzindo a ocorrência de objeções por incompreensão e aumentando as chances de conquista do *sim*.

Abordadas duas das três camadas constituintes do *Bolo do Sim*, a *confiança* e a *consistência*, passamos para aquela que compreende os ingredientes capazes de gerar influência no processo de persuasão.

INFLUÊNCIA

O processo de persuasão, seja ele comercial ou não, na maioria das vezes ultrapassa o universo das abordagens objetivas, racionais ou ancoradas estritamente em fatos tangíveis. Em geral, a habilidade de persuadir um interlocutor está diretamente vinculada a um fator que julgo essencial sobre o sucesso dos processos decisórios no sentido do *sim*: a capacidade de *influenciar pessoas*.

A *influência* é resultado de atitudes ou comportamentos que moldam a percepção acerca de alguém. Costumo dizer que, na persuasão, existem dois tipos de influências: as *inerentes* e as *conquistadas*. No grupo das *inerentes*, coloco as que são fruto de atributos atrelados à condição pessoal, social, econômica ou política exercida em determinada situação. Elas fazem parte dos elementos que podemos chamar de a *influência do poder*. Por exemplo, as posições hierárquicas em uma empresa implicam influência daqueles que ocupam cargos superiores perante seus subordinados; ou o respeito e a admiração advindos pela experiência da idade, ou seja, os mais velhos influindo nos mais jovens; ou ainda as diferenças de sexo, de cultura ou pressões momentâneas, fruto de situações específicas. As influências do poder, embora relevantes no contexto de uma negociação, têm suas forças baseadas na capacidade intimidatória sobre o interlocutor, sendo extremamente vulneráveis ou voláteis ante a possibilidade da mudança de posição situacional de cada momento.

No caso das *influências conquistadas*, seus elementos podem ser definidos como aqueles constituintes do *poder da influência*, atributos de alta capacidade persuasiva dentro do contexto da comunicação interpessoal. Para externá-los, faço uso adaptado dos princípios da influência desenvolvidos por Robert Cialdini, Ph.D. em Psicologia e autor de um grande *best-seller*, traduzido para o português em 2006 com o título *O Poder da Persuasão*[7]. Ele sustenta a existência de seis princípios da influência capazes de impactar decisivamente um processo de persuasão. Utilizando a base teórica do professor Cialdini, podemos estabelecer analogia conceitual e definir os princípios capazes de gerar influência persuasiva na construção do *Bolo do Sim*.

---

[7] CIALDINI, R. *O Poder da Persuasão*. Rio de Janeiro: Campus, 2006.

PRINCÍPIO DA AFINIDADE

A base que sustenta a tendência de as pessoas gostarem mais de umas do que de outras é a *afinidade* que pode existir entre elas. Ou seja, as pessoas tendem a gostar mais de quem se parece com elas. Essa semelhança dá-se em diversos níveis, sejam eles culturais, sociais ou comportamentais. Numa relação pessoal em que haja o desencadeamento de uma negociação, por exemplo, podemos admitir como verdadeiro que as pessoas prefiram dizer *sim* àquelas que conhecem, gostam ou admiram. Por isso, considero fundamental que, quando começamos a nos relacionar com alguém, possamos descobrir se existem algumas afinidades com o interlocutor. Identificadas essas aderências pessoais, elas devem ser abordadas no sentido de criar um clima de sintonia agradável, amistoso e empático que, uma vez estabelecido, favorecerá sobremaneira todo o processo de persuasão.

A afinidade pode estar em detectar gostos e comportamentos pessoais do interlocutor similares aos nossos, pensamentos convergentes ou mesmo quando expressamos uma concordância e chancela incondicional ao que ele tenha dito. Contudo, essa afeição ou identidade deve estar alicerçada em bases reais e verdadeiras; caso contrário, mais cedo ou mais tarde a falta de veracidade aparecerá e, como consequência, o efeito reverso será tão intenso – ou maior – do que a falsa afinidade inicial.

Digo isso baseado na própria experiência. Quando muito jovem, nos primórdios da minha atividade profissional, atuando como vendedor de máquinas copiadoras, fui visitar um cliente que eu soubera, de antemão, tratar-se de uma pessoa mal-humorada e pouco afeita ao desenvolvimento de relacionamentos pessoais. Provocava medo em seus subordinados e, não raras vezes, atritava-se com vendedores que o visitavam. Pois, sabendo disso, preparei-me para enfrentar a fera.

Ao entrar na sua sala, deparei com um quadro proeminente, colocado às suas costas, em que estava a foto da equipe de futebol do Internacional, de Porto Alegre, campeã brasileira invicta no ano de 1979. Olhando aquele adorno emoldurado e estrategicamente colocado para quem sentasse à frente – e provavelmente acometido pela natural insegurança contraída por jovens quando experimentam situações de estresse –, tive a ideia de expressar a minha admiração por aquela equipe e, mais ainda, a minha identidade com ele em virtude da paixão pelo nosso colorado gaúcho.

Não deu outra: o antes rijo, sisudo e inflexível *seu* Marcos cedeu lugar a um semblante afável e cordato, a tal ponto de, no transcorrer da conversa, tamanha era a nossa sintonia e afinidade, vê-lo esboçar incontidos sorrisos e amabilidades vocabulares. Desde aquele dia, passei a ter no *seu* Marcos um cliente permanentemente aberto ao diálogo e, muitas vezes, comprador dos produtos que vendia.

Porém, mesmo com o êxito obtido na conquista do *seu* Marcos, a cada visita que lhe fazia, o meu desconforto pós--encontro era visível, pois sabia que a aderência do *seu* Marcos à minha pessoa fora feita em bases falsas. Na verdade, eu nunca fora colorado; ao contrário, era *torcedor fanático do Grêmio*, o arquirrival do Internacional.

Por razões das quais não me recordo, mas provavelmente em função do rodízio de territórios de vendas, método muito comum em estratégias comerciais, eu acabei deixando de atender o *seu* Marcos; e, dessa forma, infelizmente, nunca mais tive a chance – ou coragem – de contar--lhe a minha verdadeira identidade clubística.

Passado um tempo, houve um *Grenal* – o tradicional jogo de confronto entre o Grêmio e o Internacional – e o meu Grêmio venceu a partida e, por consequência, o campeonato daquele ano – se não me equivoco, no final da década de 1980. Festa total, reúno-me com os meus amigos e, juntos, saímos às ruas, em carro aberto, bandeiras em punho e gritos de guerra, comemorações tradicionais em episódios dessa natureza. Uma loucura!

Pois bem, lá estava eu, totalmente inebriado de alegria, rouco de tanto gritar, quando cruzo uma esquina da cidade e, inesperadamente, sabe quem vejo tentando atravessar a rua congestionada por gremistas enlouquecidos, entre os quais eu?

Incrível, o *seu* Marcos!

Constrangido, tentei desviar o olhar, mas o *cara* me fitou perplexo, fuzilando-me com olhos ígneos que jamais vou esquecer.

Pronto! Acabou a festa para mim. Senti toda a imagem que havia construído para aquele homem desabar ladeira abaixo. Acho que nunca senti tanta vergonha na minha vida. Acima de tudo, porém, passados quase vinte anos, ficou para sempre uma lição: a *afinidade* tem de ser verdadeira; caso contrário, mais cedo ou mais tarde, o final todos sabemos.

PRINCÍPIO DA RECIPROCIDADE
A *reciprocidade* pode ser considerada o princípio de influência mais universal, em todas as culturas e para todos os comportamentos. A regra é simples: quem ganha alguma coisa, normalmente, fica mais propenso a querer retribuir. Assim é a lei natural do relacionamento humano: quem recebe uma ajuda, concessão ou simples percepção de valor agregado, específico e customizado fica possuído pelo sentimento de retribuir a distinção recebida, nas mais diversas circunstâncias. Logo, é importante, sempre que depararmos com momentos de relacionamento com alguém e, mais especificamente, quando essas situações exijam a necessidade de negociação, que tenhamos aberta a possibilidade de fazer concessões ou favores como forma de gerar sentimento de boa vontade e reciprocidade no interlocutor.

Pense, por exemplo, naquela vez em que um amigo lhe deu uma ajuda importante para resolver determinada situação na sua vida. Poxa, aquilo certamente gerou em você um sentimento de gratidão eterna, algo que você talvez passe a vida inteira esperando uma oportunidade para retribuir. Essa é a base do *princípio da reciprocidade humana*: as pessoas que ganham algo tendem a buscar oportunidades para poder retribuir. Essa influência gerada em quem recebeu um favor, uma concessão ou algo especial, distintivo e emocionalmente marcante vai criar uma atmosfera anímica positiva para quem praticou o ato de fornecer esse algo passível de reciprocidade.

Lembro-me da primeira vez em que proferi uma palestra de forma profissional. Foi no segundo semestre de 2003, em uma convenção de vendas das emissoras de rádio de um importante grupo de comunicação social do Sul do Brasil.

Recordo que o convite partiu do então diretor comercial do segmento Rádios, Antonio Donádio, um dos mais vocacionados homens de vendas que já conheci.

Como diretor de marketing de um banco com forte atuação no mercado gaúcho, eu tinha nos veículos dessa empresa de comunicação uma mídia importante à divulgação dos nossos produtos e serviços. A intenção do Donádio com o convite formulado era propiciar à força de vendas das emissoras de rádio a possibilidade de abordagem do tema "relacionamento comercial" sob o enfoque do cliente e, dessa forma, ampliar o horizonte de interpretação dos elementos que gravitam em um contexto comercial a todos os presentes.

Aproveitando a oportunidade – e a minha experiência como docente –, montei uma palestra que intercalava conteúdo e emoção, alimentada por uma didática peculiar permeada com exemplos de superação pessoal, a partir da transformação da gagueira em diferencial competitivo.

Com perdão pela imodéstia, mas sendo fiel à percepção externada pelos que me assistiram a palestra agradou em cheio ao público presente. O misto de conteúdo, emoção e estratégicas pitadas de humor deu à palestra um colorido atípico e, sem dúvida, transformou aquele evento em um marco na minha vida. Saí do encontro com a convicção de que poderia fazer desse ofício – o de palestrar – algo a ser fomentado, desenvolvido e inserido nos meus objetivos profissionais.

A partir dessa palestra, vários outros convites se sucederam, tanto dentro do universo desse grupo de comunicação como por meio de recomendações advindas dele a outras empresas em suas convenções comerciais. Assim, múltiplas apresentações foram se desencadeando, em todo o Brasil, a tal ponto de, em outubro de 2005, eu receber um destaque de duas páginas na consagrada revista *VOCÊ S/A* sobre essa minha atividade. Em suma, além de executivo e consultor empresarial, acabei virando um palestrante nacional. E o mais incrível: palestrante gago (*risos*)!

Intimamente, até hoje tenho uma enorme gratidão a essa empresa e, em especial, ao seu executivo, Antônio Donádio, que com o seu convite me proporcionou os primeiros passos nessa atividade. Sou grato por aquela oportunidade e especialmente por tudo o que dela se desdobrou. E isso, mesmo que já tenham se passado tantos anos, ainda gera em mim uma permanente necessidade de retribuir o que me foi feito.

A consequência? Bem, nutro pelo Donádio – hoje um amigo fraterno e incondicional – um sentimento de gratidão eterna. Certamente a inclusão e referência desse fato neste livro, mais do que ilustrar faticamente o impacto do princípio da *reciprocidade*, constitui-se em mais uma forma de querer retribuir o carinho do seu gesto.

A essência do princípio da *reciprocidade* no contexto de um processo de argumentação persuasiva repousa no fato de que as pessoas tendem a querer dizer *sim* àqueles a quem sentem dever algo. Nesse sentido, para implementar este princípio em suas relações, tenha sempre em mente que, ao entrar em uma situação de negociação, faça-o com o pensamento de ajudar a outra parte, em vez de buscar ser ajudado pelo resultado decorrente dela. Quando isso é sinceramente sentido e dito naturalmente, criar-se uma subjetiva necessidade de retribuição no interlocutor, muito difícil de ser ignorado por ele. Isso não é novo; ao contrário, é até bíblico. São Francisco de Assis, por exemplo, pregava que *é dando que se recebe*; fazer o bem para receber o bem é uma máxima expressão idiomática, familiar a qualquer cidadão que pratique os fundamentos básicos do cristianismo. Ou seja, desenvolver uma relação focada no bem-estar do outro, mais do que estar em sintonia com preceitos atávicos da boa convivência social, estabelece vínculos relacionais muito sólidos, influenciando enormemente a boa fluência das relações pessoais.

PRINCÍPIO DA CONDICIONALIDADE

O terceiro princípio da influência conquistada eu denomino como o da *condicionalidade*, que pode ser explicado como a capacidade de gerar pequenos compromissos condicionados a um desfecho de situação futura.

A essência do princípio está respaldada pela força que afirmações, concordâncias ou comprometimentos, externados pública ou reservadamente, informais ou formalmente registrados, produzem na efetivação de acordos ou aceitações argumentativas. A base é simples: as pessoas tendem a cumprir ou aceitar com muito mais intensidade aquilo a que se comprometem. Assim, sempre que estivermos em um processo de diálogo persuasivo ou negociação com o interlocutor e conseguirmos obter dele expressões ou atitudes verbais ou não verbais que ensejem compromisso ou aceitação condicionada, parcial ou total, desfrutaremos de melhores condições e ambiência favorável para atingir os nossos objetivos.

Quer uma ideia da pertinência do que estou falando? Veja só: vamos supor que você tenha sido convidado para duas festas que, por casualidade, acontecerão no mesmo dia e no mesmo horário. Digamos que, em um dos convites, havia impresso no canto inferior a sigla R.S.V.P., tradicional e aristocrática maneira de solicitar confirmação de presença, e você, informalmente, telefonou para o número indicado para a confirmação; já o outro convite fora feito de forma meramente informativa, sem nenhuma solicitação, e você não referiu qualquer manifestação de confirmação de presença.

Como você não tem o dom da onipresença e, nesse caso, necessariamente terá de optar por um evento, pergunto: em qual das duas festas você acabaria comparecendo? Naquela para a qual você confirmou previamente a presença ou na outra, com a qual você não registrou qualquer gesto de comprometimento?

Não quero dar uma de pitonisa aqui, prevendo o seu comportamento, mas sou capaz de apostar, com enormes chances de acerto, que a sua decisão recairá sobre a festa em que você se comprometeu a comparecer. A razão é simples: você teria assumido um compromisso externado, embora não público ou formal, e verbalmente consignado pelas ondas fidedignas da telecomunicação.

Deixe-me dar outro exemplo, bem familiar, que igualmente reforça a importância do compromisso assumido como condicionante de decisão futura. Eu tenho uma filha que, há não muito tempo, completou 18 anos e, no mesmo período, prestou vestibular, foi aprovada e ingressou na faculdade de Arquitetura.

Extremamente feliz com a sua conquista e aproveitando a maioridade para conduzir veículos automotores, decidi presenteá-la com um automóvel. O modelo do veículo eu deixei para a sua escolha; porém, trouxe para mim a decisão sobre o perfil conceitual do carro: ele deveria ser básico e com pouca potência de motor, no meu entendimento o escopo mais bem apropriado à segurança de jovens adolescentes iniciantes na prática de dirigir automóveis.

Pois bem, aproveitei um sábado pela manhã e compareci a uma revenda autorizada da marca do modelo escolhido por ela. Chegando ao local, fui atendido por uma vendedora que claramente percebi ser dotada de elevado grau de competência em todas as dimensões desse atributo: a do conhecimento, a da habilidade e a da atitude.

Decidido pelo modelo optado pela minha filha, fui logo externando a composição desejada para o conceito do veículo:

– *Bem, gostaria de um carro básico. Afinal é o primeiro carro da minha filha, e, com certeza, muitas batidinhas, arranhões e pequenas barbeiragens próprios dessa fase de aprendizagem deverão acontecer* – comentei bem-humoradamente à vendedora.

Enquanto sorria com a minha jocosa argumentação sobre o perfil clássico dos motoristas neófitos, a vendedora começou a me mostrar o modelo que havia solicitado.

– *Temos este aqui: é básico como você deseja e ainda por cima possui pintura sólida, na cor preta, muito mais fácil de fazer pequenos e rápidos reparos nas encostadinhas e raspadinhas que a sua filha vai provocar* – completou ela, entrando no clima da brincadeira argumentativa iniciada por mim.

Olhando o automóvel que minuciosamente era apresentado pela vendedora, vieram à minha cabeça algumas simulações de uso que começaram a me preocupar.

– *Sabe, estava pensando agora sobre uma situação que está me fazendo refletir. Ocorre que a minha filha passou no vestibular de Arquitetura e certamente deverá ter muitas aulas à noite. Assim, pensando melhor, por questões de segurança e risco de assaltos, necessariamente ela deverá dirigir com as janelas do veículo fechadas. Nesse caso, andando com as janelas fechadas, em dias de muito calor ficará quase impossível suportar a clausura imposta pela vedação dos vidros. Então, acho que teremos de adicionar ao veículo um ar--condicionado* – concluí para a vendedora, solicitando que incluísse o acessório na composição do preço de venda.

– *Claro! Hoje em dia, com a tecnologia disponível, o ar--condicionado se adapta bem em qualquer perfil de carro, mesmo naqueles com menor potência* – discorreu ela justificando a adequabilidade de colocação de aparelho de ar-condicionado em veículo básico de mil cilindradas.

O episódio do aparelho de ar-condicionado remeteu--me a uma constatação antiga: a de que a colocação desse aparato resulta no enrijecimento do volante, tornando-o mais duro e de difícil rotação. Nessa hora, aflorou-me o espírito de "pai mimoso"; afinal, mesmo com 18 anos, 1,70 metro de altura, porte de modelo e privilegiada estrutura corporal, para mim, ela sempre será a minha bonequinha, de lúdicos bracinhos frágeis e suaves gestos angelicais.

E, agora, o que fazer? Botamos o ar-condicionado? E a dirigibilidade e o manuseio do volante, como ficariam?

– *Por favor, coloque no carro uma direção hidráulica* – solicitei à vendedora, que me fitava com um misto de surpresa e sorrisos indisfarçáveis.

Assim, fui inserindo acessórios e mais acessórios, atitude movida pela vontade de recompensar uma filha maravilhosa, de conduta irrepreensível e amorosidade familiar incomum.

Em resumo: de acessório em acessório, o carro mil ficou *a mil,* cheio de apetrechos. Só para dar uma ideia do que estou relatando: até um *rack* para colocar a prancha de surfe do namorado eu acabei incluindo no pacote (*risos*).

Uma vez definido o composto *carro & acessórios,* pus-me a negociar o preço com a vendedora. Argumentações de um lado, contraposições de outro, a negociação avançava a passos facilmente perceptíveis, até que fiz uma proposta de preço final à compra do veículo.

A vendedora escutou as condições com atenção, anotou-as em minúcias e perguntou-me taxativa:

– *Se eu conseguir chegar nas condições que estão sendo propostas, você fecha o negócio comigo?*

Prontamente respondi que sim. Se ela obtivesse a concordância da empresa para me vender o automóvel naquelas condições, poderia fazer o pedido que o carro era meu.

Ela sorriu e disse-me delicadamente:

– *Ok, fico feliz pela sua resposta. Peço a você, porém, que me dê alguns minutos, no máximo uma hora, para que eu possa consultar o meu diretor e verificar se consigo chegar nas condições que deseja. Se você puder esperar, fique à vontade. Caso não, por favor, deixe-me o seu celular para eu localizá-lo tão logo tenha a resposta.*

Optei pela segunda alternativa e saí para aproveitar o restante da manhã de um sábado ensolarado.

Trafegava erraticamente pela cidade quando deparei com outra revenda, da mesma marca, quase à minha frente. Resolvi parar e entrar. Estava com tempo disponível, pois havia planejado deixar a manhã de sábado sem qualquer outro compromisso agendado.

Entrando na loja e sendo atendido por um vendedor mais sênior e altamente solícito, fui logo perguntando sobre a disponibilidade do modelo que desejava e, agora, já na composição acessória que havia definido na outra revenda.

O vendedor serviu-me café e água, enquanto manuseava folhas intermináveis em que me explicava estarem contidas as informações de preço, as características e a disponibilidade de estoque e entrega.

Sorvia o café com olhar panorâmico da loja, como que querendo detectar algum modelo para pronta-entrega. Descobri um preto exatamente igual ao que havia decidido comprar. Faltavam-lhe alguns acessórios, mas isso era apenas uma questão de adição ao composto final.

O vendedor anotava as minhas solicitações. Ao mesmo tempo em que registrava, realizava cálculos e mais cálculos, procurando chegar ao menor valor possível, condição prévia externada por mim tão logo fui apresentando as minhas necessidades e desejos.

Isso mais isso, aquilo menos aquilo, "noves fora" e pronto! O valor do carro estava calculado: cerca de R$ 500,00 mais baixo do que o combinado na revenda anterior.

Correu-me pelo corpo uma sensação de satisfação e, imediatamente, uma forte predisposição para a conclusão definitiva do negócio. Porém, quase que simultaneamente a essa situação, sinto vibrar o meu celular no bolso dianteiro da calça jeans. Atendi o telefone e, do outro lado da linha, a voz entusiasmada da vendedora da outra revenda quase não se continha de tanta felicidade:

– *Consegui! Falei agora com o meu diretor, que estava na sua casa de campo, expondo a ele a sua proposta e ele me autorizou a fazer a venda nas condições solicitadas por você. E, então, quando você vem aqui para fecharmos o negócio?*

Que situação! Na minha frente, o mesmo carro, com os mesmos acessórios, R$ 500,00 mais barato; no meu ouvido, o mesmo carro, com os mesmos acessórios, R$ 500,00 mais caro, porém tendo o meu compromisso de realizar a compra se as condições por mim propostas fossem aceitas.

Resumo da ópera: acabei optando pela manutenção da palavra dada.

É lógico que se a diferença fosse de R$ 5.000,00 eu iria ponderar para a vendedora e enfatizar a estranheza pela discrepância acentuada entre um preço e o outro. Isso, sem dúvida, poderia ser decisivo na escolha da alternativa posterior. No entanto, a diferença de R$ 500,00 representava algo inferior a 1% do valor total do carro, muito provavelmente fruto de vantagens de frete, giro de estoque ou redução pontual de comissão de vendas.

Logo, decidi premiar o envolvimento da vendedora em buscar atender à minha solicitação e, sobretudo, ficar com a minha consciência tranquila em relação ao meu compromisso informalmente assumido com ela.

Em síntese, esse é o *modus operandi* do *princípio da condicionalidade*: a obtenção de pequenos compromissos que, condicionados à efetivação de situações futuras, geram influência no contexto persuasivo, acelerando a tomada de decisões e construindo verdadeiras pontes para o *sim*.

PRINCÍPIO DA AUTORIDADE

A *autoridade*, objeto deste princípio, está atrelada a qualidade e profundidade do conhecimento de causa com que somos percebidos pelo interlocutor. Ou seja, ela refere-se ao grau de propriedade que o interlocutor nos concede sobre determinado tema, assunto ou situação. A relação do princípio da autoridade com a geração de influência em um processo de persuasão fundamenta-se no comportamento das pessoas de procurarem especialistas (*experts*) como conselheiros, formais ou informais, para auxiliarem em momentos de desconforto ou insegurança na tomada de decisões.

Deixe-me explicitar melhor: vamos supor que você deseja comprar um carro usado e está em dúvida sobre o estado do motor do veículo. A quem você recorreria? Ao seu dentista de muitos anos ou ao mecânico que um amigo recomendou? Veja bem: embora o dentista tenha com você uma relação profissional de longo prazo, tecnicamente você não percebe nele autoridade para avaliar a qualidade de motor. O que você faria? Baseado na autoridade relacional que o seu amigo tem com você, a tendência é ser o mecânico recomendado por ele a fonte principal para ajudá-lo a definir a compra. Assim, o fato de ser um especialista reconhecido na área faz do mecânico alguém com influência suficiente para auxiliá-lo no processo decisório.

Nesse sentido, embora para alguns possa parecer uma postura de propósitos manipuladores, entendo que toda pessoa deveria se preocupar com a construção da sua imagem. Buscar ter sempre em mente quais valências pessoais são capazes de fomentar a sua autoridade, e nelas buscar respaldo para gerar influência e ampliar a sua força no contexto da negociação. Independentemente do perfil de cada um, todos temos os nossos pontos fortes – e consequentemente pontos fracos –, que, por meio do autoconhecimento, deveriam ser trabalhados. Quanto mais soubermos quem somos, do que gostamos e como funcionamos melhor, mais chances teremos de obter sucesso em nossas atividades e, sobretudo, em nossos propósitos profissionais e pessoais.

O saudoso e legendário Peter Drucker, em seu livro *Management Challenges for the 21st Century*[8] [Desafios Gerenciais para o Século XXI], expressou que, "na economia do conhecimento, o sucesso vem para aqueles que conhecem a si mesmos – seus valores, seus pontos fortes e como funcionam melhor". A citação do mestre Drucker traz também, de forma subliminar, a necessidade de aqueles que

---

[8] DRUCKER, P. *Management Challenges for 21st Century*. Nova York: HarperCollins, 1999.

almejam sucesso em suas atividades, além de reconhecerem as suas saliências positivas, saber detectar – e admitir – os seus pontos fracos, aquelas características carentes de aptidão para integrar o portfólio dos atributos pessoais. Conhecendo-nos melhor, teremos condições de saber explorar o que de mais positivo desfrutamos em nossa personalidade e, principalmente, em nossa capacidade de realização. Se focarmos no desenvolvimento permanente desses pontos fortes, paralelamente estaremos construindo uma marca pessoal. Esta, em última análise, será sempre um importante valor agregado ao nosso dispor para a consolidação da autoridade sobre o interlocutor durante o processo de interação interpessoal.

O *conhecimento*, porém, não é o único pilar da autoridade. No intuito de chegar a um grau máximo de persuasão da outra parte, é imprescindível transmitirmos *confiabilidade*. Uma das formas de conquistar autoridade em uma relação interpessoal, sob o enfoque da credibilidade, é demonstrar sinceridade de argumentação e transparência comportamental.

Refiro-me à demonstração no sentido específico da palavra, pois não basta termos a consciência pessoal de estar sendo sinceros e transparentes. É preciso que o interlocutor sinta isso em nossas atitudes e expressões. Aqui, mais uma vez, relembro a importância da citação "As palavras emocionam, os exemplos arrastam". A autoridade é uma condição conquistada pelas evidências percebidas por terceiros, e, nesse contexto, a força proporcionada pela exemplificação adquire uma condição diferencial nesse processo. A coerência do que se diz e do que se faz torna-se imperiosa para solidificar a obtenção do respeito, da admiração e da credibilidade, fatores fundamentais para a consolidação da autoridade sobre o interlocutor.

PRINCÍPIO DA CONSENSUALIDADE

O quinto princípio é o da *consensualidade*. A sua base está alicerçada na força que a chancela coletiva pode gerar em determinadas escolhas. Somos animais sociais, portanto suscetíveis às influências externas que gravitam em nossa existência. Quando não dispomos de convicção acerca de algo, ficamos mais receptivos à opinião de terceiros para moldar a nossa decisão. Em um processo de persuasão em que o interlocutor faz emergir inseguranças decisórias procrastinando decisões, ou mesmo exprime ceticismo ao que estamos expondo, utilizar o princípio da consensualidade não raras vezes apresenta-se como uma alternativa muito eficiente à obtenção do *sim*.

Deixe-me recorrer a um exemplo utilizado no livro *A Azeitona da Empada* para explicar a realidade prática deste princípio. Imaginemos que você está disposto a realizar uma viagem de uma semana com a(o) sua(seu) namorada(o) ou esposa(o) para um lugar romântico, em que os momentos de amor intenso e as condições para desfrutar os prazeres naturais da vida são as únicas coisas que lhe fazem sentido à escolha. Todavia, você ainda não tem definido o local para esse momento mágico. Digamos que você vá buscar informações com os seus amigos mais próximos, colegas de trabalho com mais afinidade ou mesmo faça uma rápida pesquisa entre pessoas cujas opiniões podem ser relevantes para você. Ao fazer essa investigação, se houver uma uniformidade de recomendações – por exemplo, a ilha de Fernando de Noronha como o local ideal para esse perfil de viagem, mesmo que uma ou outra pessoa indique Nova York –, de novo sou capaz de apostar na resposta. Apesar de Nova York ser uma cidade fantástica e maravilhosa, a sua escolha provavelmente recairá sobre Fernando de Noronha. Afinal, nesta semana, você não quer programas culturais, gastronomia, compras ou opções de lazer típicos da "capital do mundo"; você deseja sol, praia, paz, amor, sexo e *rock'-n'-roll*, não necessariamente nessa ordem. Logo, o consenso das pessoas consultadas influenciaria a sua decisão.

Outro exemplo: digamos que você é uma pessoa que tem o hábito de almoçar fora todos os domingos. Imaginemos também que você gosta de variar de local a cada semana. Um amigo seu, outro dia, lhe recomendou dois restaurantes diferentes, dos quais você nunca ouviu falar. Em determinado domingo você pega o seu carro e define almoçar em um desses locais. Por casualidade, eles ficam próximos um do outro e, assim, fica viável para você dar uma passada rápida pela frente dos dois para sentir uma primeira impressão. No primeiro restaurante há pouco movimento, quase ninguém almoçando naquela hora; no outro, ao contrário, a casa está cheia e, inclusive, evidencia-se um pequeno contingente de espera. Qual seria a sua decisão? Bem, se você não estivesse apressado em função de uma necessidade de urgência de atendimento, diria que a sua decisão naturalmente recairia sobre o restaurante onde, aparentemente, há maior aderência de público. No caso, a afluência superior representaria certo "consenso" na chancela à qualidade do restaurante.

Uma das formas de usufruir dos efeitos positivos da consensualidade é a utilização das redes de comunicação interpessoal. A chamada *comunicação boca a boca* perpetua-se no tempo como uma das mídias mais persuasivas que conhecemos. O fundamento irrefutável dessa condição é explicado pelo fato de que, em geral, a consistência de uma comunicação em que os outros falem bem de mim é muito maior do que, por exemplo, a comunicação publicitária tradicional. Nesta, metaforicamente, seria eu falando de mim mesmo. E o que é melhor? Eu falar bem de mim ou deixar que outros comentem com outros, espontaneamente, os meus pontos positivos?

Sem comentários, não é?

Logo, estimular o boca a boca sobre a nossa pessoa ou sobre o que expressamos assume alto poder de influência sobre interlocutores ou grupos sociais.

PRINCÍPIO DA EXCLUSIVIDADE

A ancoragem do princípio de *exclusividade* está arraigada ao primado indelével do comportamento humano: as pessoas tendem a valorizar mais aquilo que não podem ou não conseguem ter.

Por exemplo, uma informação privilegiada pode ser um bom valor agregado a ser utilizado para gerar influência. A possibilidade de obtenção de exclusividade é outra forma de apresentar a escassez a serviço da influência. O risco por falta, igualmente, é uma manifestação capaz de provocar pendores decisórios mais rápidos e positivos. Isso explica, por exemplo, o porquê de as promoções do tipo "Só hoje" ou "Só amanhã" se transformarem em coqueluche da publicidade varejista brasileira. Ao limitar no tempo a possibilidade de aproveitamento de determinada oferta, as empresas despertam no consumidor a sensação de escassez iminente e, dessa forma, influenciam a sua decisão de compra.

Todavia, o uso desse expediente deve estar atrelado sempre à realidade da informação. Caso contrário, a escassez produzida tão somente para pressionar ou acelerar uma decisão pode causar efeitos devastadores de perda de confiabilidade, influindo negativamente no ambiente da relação interpessoal.

É importante também salientar a intensidade da *sensação de perda* assumindo muito maior influência do que a *sensação de ganho*. Explico: as pessoas tendem a se ligar mais naquilo que estão perdendo do que na possibilidade do que possam vir a ganhar. Isto é, dependendo da dimensão psicológica, a ideia de perda prevalece sobre a ideia de ganho. Faça um teste com você mesmo: pegue, por exemplo, a sua conta de telefone celular. Agora, imagine uma promoção desenvolvida pela operadora de telefonia em que você contrata serviços. O que mais motivaria você a optar pela promoção: uma *chamada de ganho*, do tipo "Contrate o novo plano A e economize R$ 100,00 todo mês" ou uma *chamada de perda*, do tipo "Contrate o plano A e deixe de perder R$ 100,00 todo mês"? Não quero bancar o adivinho, mas sou capaz de apostar que a segunda chamada lhe causaria mais impacto à decisão de compra. Assim, em situações de prática persuasiva, sempre que possível e o contexto permitir, estabeleça um equilíbrio expositivo entre os prejuízos advindos do sentimento de perda e os benefícios decorrentes da possibilidade de ganhos.

Experimente utilizar o princípio da exclusividade nas suas abordagens persuasivas. Você vai se surpreender com os resultados.

Bem, concluídas as etapas – ou camadas – do *Bolo do Sim*, fica faltando o elemento título deste livro, a *Cereja do Bolo*: o *fator emoção* e a sua importância dentro do ambiente persuasivo.

Então, vamos a ele!

3 Emoção: a Cereja do *Bolo do Sim*

Almoçava um dia desses com um fraterno amigo, Mathias Renner, um destacado e talentoso executivo do segmento financeiro. A conversa tergiversava sobre as diversas formas de adotar argumentações persuasivas em processos de negociação. Assim, entre lentas e saborosas garfadas de filé flambado guarnecido com finíssimas batatas fritas e purê de mandioquinha, discorríamos sobre como melhor abordar o interlocutor diante de múltiplas circunstâncias negociais.

Conversa vai, conversa vem, quando Mathias coloca à mesa um viés interessante que, prontamente, chamou-me a atenção. Disse ele:

– *A força da argumentação persuasiva vem da convicção que é colocada no discurso proferido.* E mais – continuou, elevando a voz em tom enfático e semibaritonal –, *a consistência da convicção expressa é diretamente proporcional à emoção empregada na comunicação do emissor.*

Imediatamente me lembrei deste livro e, especialmente, da importância que vejo no *fator emoção* como elemento de desequilíbrio em processos de negociação interpessoal. A conceituação de Mathias sobre a relevância dos componentes emocionais no contexto da formação da convicção pode até não estar respaldada por densos dados investigativos ou acurada comprovação científica, mas tem na percepção prática uma realidade inequívoca e luzidia, mesmo aos olhos comportamentais mais míopes. Basta lembrarmos das pessoas mais convictas que conhecemos e veremos nelas um fio condutor comum: instintivamente, elas adicionam um componente emocional que emoldura as suas palavras e atitudes.

A força da convicção, referida por Mathias, reflete bem o valor da emoção no contexto argumentativo na busca do *sim*. Gosto muito de uma definição, simples e direta, contida no livro *A Arte de Argumentar*, de Antônio Suárez Abreu[9]. Ela explica ser a argumentação uma "arte de convencer e persuadir pessoas".

Para mim, isso faz muito sentido, pois enquanto *convencer* estabelece o sentido racional da argumentação – utilizando-se de dados, provas ou demonstrações – *persuadir* representa o viés argumentativo construído no terreno dos sentimentos e das atitudes capazes de sensibilizar o interlocutor à tomada de decisão.

Não raras vezes, no transcorrer de uma argumentação, consegue-se o convencimento de alguém sem, necessariamente, persuadi-lo. Isso significa dizer que a prática de convencer a outra parte, por si, não assegura êxito aos objetivos plenos de uma negociação. Faz-se fundamental também persuadi-la, ou seja, sensibilizá-la a adotar uma

---

[9] ABREU, Antônio Suárez. *A Arte de Argumentar*. São Paulo: Ateliê Editorial, 1999.

decisão em que o convencimento por fatos e dados seja robustecido pelo sentimento e percepção da relevância deste ato.

Em síntese, a conquista do *sim* é um processo situacional e argumentativo que envolve o gerenciamento harmônico da informação (convencimento) e o da relação (persuasão). O exercício prático desta dinâmica interpessoal, ponderando razão e emoção, faz toda a diferença no desiderato exitoso de uma negociação.

Por exemplo, podemos convencer, racionalmente, um fumante sobre os malefícios do cigarro e, mesmo assim, ele permanecer inflexível no seu intento de continuar fumando. Porém, esse mesmo *fumante convicto* é capaz de se desmanchar em sentimentos, e reverter a sua indelével decisão, quando receber o apelo emocionado de um filho rogando-lhe para largar o vício.

Sei bem o que é isso. Fui um fumante inveterado por vários anos e somente decidi largar definitivamente os alvos cilindros de papel quando meus filhos, ainda pequenos, na mais pura das singelezas infantis, imploraram-me para que deixasse de fumar, temendo que o *papai do céu* pudesse levar para o céu o seu papai. Em suma, apesar de convencido dos efeitos nocivos do cigarro, foi a súplica inocente e emocional de duas crianças o fator decisivo para a minha ação de deixar de fumar.

Defino a *emoção* como a *Cereja do Bolo* do processo persuasivo. Expressão antiga e de amplo domínio popular, representa aquele elemento ornamental do bolo que pouca relação tem com os ingredientes tangíveis da sua composição, mas, uma vez inserido na arquitetura culinária, estimula todos os nossos sentidos: enche-nos os olhos, aguça-nos o paladar, enebria-nos com aromas de prazer, convida-nos a tocar e retirar um generoso pedaço e, sobretudo, provoca a acústica reação de *Huuuummmm!*, tão característica da aprovação de quem o experimenta e o aprova.

No ambiente da prática persuasiva, a emoção assume papel similar ao da cereja no bolo. Observada sob a perspectiva da racionalidade e consistência argumentativa, faz-se distante da concretude expositiva de fatos, dados ou constatações. No entanto, quando colocada como amálgama desses elementos, lubrificando *o que está sendo dito*, enfatizando *para quem está sendo dito* e, sobretudo, dando forma ao *como está sendo dito*, a emoção provoca reações, desequilibra negociações e motiva ações que dificilmente seriam adotadas à luz da racionalidade.

Cabe salientar, porém, que não quero neste livro enveredar pelas profundezas ou minúcias científicas do estudo da emoção. Longe disso, pois me faltaria, inclusive, a acuidade teórica dos especialistas em Psicologia, Antropologia, Sociologia ou outras *logias* com *expertise* na mente humana. Ao contrário, quero aqui ser específico, prático e pontual, procurando enfocar a emoção no estrito senso do seu papel de desencadeador de sentimentos e sensações. Atenho-me à emoção, em especial, na sua capacidade de, metaforicamente, impactar, acarinhar e envolver o coração do interlocutor durante o processo de comunicação interpessoal, provocando aderência, muitas vezes entusiasmo e quase sempre um pavimentado e bem delineado caminho para o *sim*.

Estudos acadêmicos têm procurado aprofundar o papel da emoção no processo de decisão humana, seja sob a percepção de valência positiva (como a alegria, o amor ou a compaixão), seja no contraponto negativo (como a tristeza, o ódio ou a irritação). Desde o final da década de 1980, vários autores de notório reconhecimento na pesquisa científica têm se debruçado sobre a dimensionalidade e a influência das emoções na satisfação do consumidor (Westbrook[10], Westbrook e Oliver[11], Oliver[12], Mano e Oliver[13], entre outros).

Mais recentemente, a *Veja*, uma das mais longevas e tradicionais revistas brasileiras, na sua edição 2091, publicada em 17 de dezembro de 2008, trouxe uma matéria intitulada "A anatomia do consumo", em que explicitava estar a ciência conseguindo mapear as regiões do

---

[10] WESTBROOK, R. A. "Product/consumption-based affective responses and postpurchase processes". *Journal of Marketing Research*, v. 24, p. 258-70, ago. 1987.

[11] OLIVER, R. L.; WESTBROOK, R. A. "Profiles of consumer emotions and satisfaction in ownership and usage". *Journal of Consumer Satisfaction*, Dissatisfaction and Complaining Behavior, v. 6, p. 12-27, 1991.

[12] OLIVER, R. L. Cognitive, affective, and attribute bases of the satisfaction response. *Journal of Consumer Research*, v. 20, p. 418-30, dez. 1993.

[13] MANO, H.; OLIVER, R. L. "Assessing the dimensionality and structure of the consumption experience: evaluation, feeling and satisfaction". *Journal of Consumer Research*, v. 20, p. 451-66, dez. 1993.

cérebro humano ativadas no momento da compra. E, após uma bem explorada investigação jornalística acerca do tema, chegava à conclusão de que a decisão de consumir algo está muito mais ligada a atributos emocionais do que embasada na ponderação racional, até então, desde as ideias de Adam Smith – o pai do liberalismo –, a corrente mais proeminente no estudo do comportamento de compra do consumidor. Dan Ariely, psicólogo americano e autor do interessante livro *Previsivelmente irracional*[14], resume a linha mestra dessa pesquisa referida pela *Veja* afirmando que "comprar é uma decisão pouco racional; nos negócios, sai-se melhor quem consegue provocar emoções positivas".

Contudo, mesmo que essa abordagem já venha sendo destacada há algum tempo no cenário das relações humanas e empresariais, academicamente falando, em comparação com o processamento de informações e a pesquisa sobre o processo de decisão do consumidor, pouco ainda foi explorado sobre o papel da emoção no comportamento e sua interferência em processos decisórios do ser humano.

Neste momento, tenho consciência de que a sua voz interior pode estar protestando. A minha eu sei que está:

– *Tá, mas e aí? Vamos ficar neste blá-blá-blá justificativo? Como a emoção se transforma em cereja do bolo?*

Ok, teorias à parte, vamos em frente.

Apesar da evidente carência de dados comprovatórios mais conclusivos acerca desses impactos, ouso inserir na

---

[14] ARIELY, Dan. *Previsivelmente Irracional*. Rio de Janeiro: Campus, 2008.

abordagem que faço sobre este tema algumas constatações empíricas. Na prática, tenho observado que as emoções são fatores diferenciais na fluência argumentativa do relacionamento interpessoal.

A experiência dos mais de vinte anos desempenhando funções em áreas comerciais, todas elas recheadas de permanentes e heterogêneas necessidades de negociação pessoal, mostrou-me que a emoção é, efetivamente, o grande elemento de desequilíbrio nesses processos, especialmente na ocorrência das conversações mais difíceis.

Na realidade, a prática do exercício persuasivo requer uma harmonia entre razão e emoção. Bem, até aí, nada de novidade. Eu mesmo construí uma frase para caracterizar o perfil do negociador de sucesso, expressando que ele deve "escutar com os ouvidos da mente (razão) e falar com a voz do coração (emoção)". Todavia, quando a *coisa aperta*, a conversa emperra e os argumentos cartesianos escasseiam, é no poder da emoção que buscamos o socorro necessário para seguir em frente, desatar os chamados nós górdios e chegar ao *sim* desejado.

Quer visualizar melhor o que estou expressando? Então faça uma rápida retrospectiva de alguns de seus momentos vividos em que foi preciso negociar algo mais complicado e, no final, o resultado veio ao encontro do que você desejava. Novamente, sem querer ser premonitório, ou uma versão "mãe Dináh de gravata", sou capaz de adivinhar que, na grande parte das suas lembranças, algum componente emocional deve ter assumido relevância decisiva para a obtenção do desfecho positivo. Experimente, faça o teste! Acho que você já percebeu que sou um fã do *faça você mesmo!*

Costumo dizer que a persuasão é como uma partida de futebol. Muitas vezes o time está bem treinado, com muito boa concatenação entre defesa, meio-campo e ataque, um farto elenco de jogadas ensaiadas e um histórico invejável de vitórias conquistadas, fruto desse pragmatismo funcional. Não obstante, existirão jogos em que o adversário estará taticamente retrancado, praticando o deplorável antijogo, ou, simplesmente, será uma daquelas partidas em que nada dá certo, em que a mecânica não funciona, os gols não saem e a vitória teima em não vir. Pois nessa hora em que tudo parece conspirar contra é na criatividade ou no talento isolado do craque da equipe que surgem o lampejo diferenciado e a solução inaudita para o deslindar de um *gol achado*, como muito se diz no jargão futebolístico.

Analogamente, ressalvando a diversidade de contextos, ocorre exatamente assim no processo persuasivo. Quando argumentos racionais tornam-se insuficientes para manejar objeções, contornar entraves ou harmonizar posições dissonantes, é no uso da emoção que, não raras vezes – para não dizer quase sempre –, buscamos o caminho para modificar o *status quo*.

Como forma de ilustrar o que estou argumentando, trago um exemplo que gosto de utilizar nas minhas conferências, evidenciando como o *fator emoção* aparece como desequilibrador em uma negociação difícil e engenhosa.

Certa vez, convidado por empresários uruguaios com os quais mantinha estreita relação comercial, fui acompanhá-los em visita a uma empresa japonesa no intuito de ajudá-los em um processo de negociação que, de antemão, fora informado ser de contexto delicado e imprevisível desfecho.

Ainda durante a viagem, enquanto esperávamos uma conexão no Aeroporto de Ezeiza, em Buenos Aires, na Argentina, recebi deles uma amável solicitação para que tivesse cuidado ao utilizar as mãos na argumentação com os japoneses. Ocorre que, em função de ser gago, recorro permanentemente ao uso da gesticulação como um elemento importante para me destravar e, dessa forma, dar mais fluência à minha fala. Assim, incorporei ao meu estilo pessoal, além de uma verbalização entoada e permeada por pausas estratégicas, um gestual largo, intenso e, não raras vezes, efusivo e enérgico. O falar enfático e gesticulado poderia soar agressivo à cultura japonesa, em que a fala monocórdia e a quase ausência de linguagem não verbal tornam-se uma constante no estilo oriental de se comunicar. Um pouco desconfortável com a colocação, respondi aos amigos uruguaios que seria difícil evitar eventuais excessos, mas lhes garanti esforçar-me para me adequar aos padrões dos nossos interlocutores.

Chegando à reunião, fui logo apresentado aos presentes e, como já havia me condicionado, externei um leve sorriso, seguido de um respeitoso e comedido inclinar de tórax, bem em acordo com o "figurino" previamente exposto. Passada a formalidade das apresentações, fomos conduzidos à sala onde uma grande mesa oval nos esperava para o início das conversações.

Logo fui procurando um local mais à ponta – uma característica que tenho, pois gosto de negociar em condições de olhar a todos nos olhos, observando as reações, as emoções e os comportamentos assumidos durante os diálogos. Ao sentar, usei um artifício para restringir os meus movimentos de mãos, braços e antebraços: simplesmente sentei sobre as minhas mãos – ou melhor, coloquei-as sob as minhas pernas –, mantendo os braços sempre próximos ao tronco.

Utilizando o espanhol como a língua oficial do encontro, começamos a conversa. Um colega uruguaio, de fala pausada, educada e bem-estruturada, foi fazendo a exposição da pauta e dos objetivos da reunião, sob o olhar atento e indistinto dos interlocutores japoneses. A reunião corria tensa, e eu, ainda silente, observava tudo com atenção, procurando encontrar o momento certo para me inserir na conversa.

E veio o momento: educadamente, atento às recomendações ministradas no transcurso da viagem, em voz contida e suave, engatei um "con permiso" e... foi um verdadeiro desastre. Em suma: se em português falar sem as mãos, em tom baixo e linear já é difícil, imagine em espanhol?

EMOÇÃO: A CEREJA DO *BOLO DO SIM*

Era uma *trancada* atrás de outra, que a certa altura já começava a deixar os demais impressionados – e penalizados – com tanto esforço que fazia para construir as parcas frases que conseguiam romper os lábios e encontrar os tímpanos desconfiados dos orientais. Enquanto falava – ou tentava –, imaginava os interlocutores nipônicos sem conseguir entender direito o que estava acontecendo, procurando descobrir se esse jeito *batucado* de falar que eu apresentava seria uma característica peculiar do Brasil. Afinal, como somos conhecidos por "A Terra do Samba", o imaginário é livre, não é mesmo?

A coisa andava de mal a pior: os meus amigos estavam perplexos, pois nunca tinham me visto com tamanha dificuldade; os japoneses, atônitos, como que não entendendo por que eu insistia em fazer da boca instrumento de percussão; e eu, já desolado, vendo que, se continuasse falando baixo, sem entonação e, especialmente, sem as mãos, a minha contribuição ao contexto da negociação seria próxima a nada.

Foi então que, mais uma vez, percebi o quanto a emoção é capaz de fazer e, sobretudo, desequilibrar uma negociação. Pedindo desculpas a todos, descolei as mãos já suadas das minhas pernas, elevei um pouco mais a voz, trazendo-a mais próxima do meu normal, e, olhando firmemente nos olhos de cada japonês, fui explicando o porquê da intransponível dificuldade de falar sob aquelas condições. De pronto, nasceu outra pessoa. A voz insegura pelo forte controle que eu lhe impunha deu lugar à entonação costumeira e melódica. As mãos já soltas, como que construindo um imaginário descortinado, deixavam-me à vontade e as frases, antes incompletas, agora saíam fáceis, harmônicas e intensas.

Expliquei aos atentos interlocutores que precisava dessas ferramentas heterodoxas de comunicação para poder me expressar de forma normal. Pedi-lhes, com um "por favor" vindo do fundo da alma, que não interpretassem esse meu estilo como uma afronta à sua cultura; ao inverso, solicitei-lhes que compreendessem esse meu desabafo como uma forma de respeito e consideração aos seus ouvidos. Fui sincero e franco, autêntico e realista e, acima de tudo, fui inteiramente eu. Sem máscaras, sem vaidades e sem a vergonha de externar meus sentimentos e minhas dificuldades.

O resultado? Melhor impossível: os interlocutores japoneses esboçaram leves, porém genuínos e cálidos, sorrisos de aprovação e concordância. O ambiente, antes tenso e pétreo, foi se metamorfoseando. A partir daquele momento, o clima amistoso e de benevolência recíproca dominou as posições até então rígidas e inflexíveis. Era notório, até mesmo aos olhos de qualquer desavisado que adentrasse a sala naquele momento, que a cordialidade latente entre os presentes convergia para um fechamento conciliador e positivo para ambas as partes.

Não tenho dúvidas de que o impacto emocional decorrente da surpresa da minha argumentação, do relato das dificuldades pessoais e do tom sincero e transparente das palavras expressas foi decisivo para a mudança de rumo e o desiderato exitoso da negociação.

Ao final, como que um troféu a ser guardado para sempre na minha memória, recebi surpreendentes e afetuosos abraços de sorridentes japoneses, já totalmente adaptados à forma sanguínea e latina de me expressar.

O *PONTO G* DA EMOÇÃO

Calma! Não é bem isso que você está pensando! Eu não estou ficando louco, tampouco quero afirmar que a emoção seja o nome do elemento sexual mais excitante do corpo feminino. Longe disso, embora admita emanarem dali muitas emoções (*risos*).

Apenas entendo que, em processos persuasivos, sejam eles negociais ou simplesmente expositivos, todos nós – neste caso, homens e mulheres – temos um ou mais pontos de aderência mais fortes à emoção. É aquele momento em que a presença de componentes emocionais desequilibra a normalidade relacional. Denomino essa dita aderência à emoção de *ponto de grude*, daí a analogia lúdica com o já "famoso" *Ponto G*. Descobri-lo e, fundamentalmente, trabalhá-lo em favor do *sim* passa a ser o ponto de partida para o descortino de uma interação pessoal harmônica, envolvente e produtiva.

Mas como identificar o *Ponto G* da emoção? Bem, em primeiro lugar, tal qual o processo de um relacionamento afetivo, necessitamos estabelecer uma *sintonia* com o nosso interlocutor. A obtenção da *sintonia* significa o estabelecimento de aproximação, identidade ou familiaridade entre as pessoas, favorecendo o desenvolvimento de confiança e cooperação entre as partes envolvidas. A *sintonia* cria um clima interpessoal positivo, emocionalmente propício a congruências argumentativas e amplamente inibidor ao aparecimento de objeções ou obstáculos prejudiciais ao *sim*.

Na construção dessa *sintonia* devemos buscar a mesma frequência mental do interlocutor, facilitando a fluência da comunicação e o melhor desencadeamento da argumentação persuasiva.

E como entrar na mesma frequência?

Bem, os princípios do estudo da neurolinguística abordam com profundidade esse tema. Louvando-me neles é que interpreto ser básico ao desenvolvimento da *sintonia* o domínio de duas habilidades sensoriais: (1) a capacidade de descobrir e entender os canais de comunicação preferenciais do interlocutor; e (2) a habilidade de alcançar a equalização comportamental e verbal com esse interlocutor.

Vejamos como utilizar a integração desses dois elementos para favorecer a construção da sintonia.

DESCOBRINDO OS CANAIS DE COMUNICAÇÃO PREFERENCIAIS DO INTERLOCUTOR

Em neurolinguística se diz que uma pessoa tem, geralmente, um canal preferencial de comunicação: o *visual*, o *auditivo* ou o orientado para o trinômio "ação-sensação--movimento", também definido como *canal cinestésico*. Ao conseguir detectar o canal predileto do interlocutor, damos um passo importante para a boa fluência e, sobretudo, para a melhor cognição da argumentação.

Um dos principais focos de observação nesse exercício de entender o canal preferencial de comunicação do interlocutor é fixar-se no seu *movimento ocular* durante o diálogo. Por isso, é de suma importância que, ao desenvolver uma conversa com outra pessoa, tenhamos o cuidado de procurar, o máximo possível, olhá-la nos olhos. Isso, além de demonstrar interesse e valorização ao que ela expõe, possibilita-nos utilizar a dinâmica do olhar como uma janela a revelar os indicativos do seu canal de comunicação favorito.

É importante salientar que todas as pessoas têm acesso aos três canais referidos. Porém, quase sempre um ou dois desses canais são mais aderentes e receptivos às mensagens enviadas. Perceber no interlocutor a forma mais adequada e persuasiva de receber mensagens contribuirá para que possamos moldar o nosso discurso e melhor adaptá-lo à recepção de cada pessoa. Isso ocorre especialmente na utilização de palavras que estimulem o impacto do que está sendo exposto, tornando o diálogo mais agradável, receptivo e, sobretudo, com maior efeito persuasivo.

Particularmente, exercito muito esse tipo de diagnóstico acerca do canal de comunicação favorito dos meus interlocutores. Seguindo fundamentos teóricos de renomados *experts* em neurolinguística, ao primeiro contato visual, começo a observar o movimento dos olhos da outra parte, em especial quando formulo uma pergunta e aguardo uma resposta. Noto que, ao buscar conteúdo para construir resposta a uma pergunta formulada, as pessoas desnudam pelo olhar a melhor forma de aceitar o recebimento de uma mensagem.

Vejamos primeiro o comportamento dos olhos de uma pessoa predominantemente *visual*. Ao responder a uma pergunta, em geral, o *interlocutor visual* apresenta alta incidência de movimentos oculares no sentido superior, isto é, frequentemente *olha para cima* ao fundamentar sua resposta.

No caso do *interlocutor auditivo*, os olhos tendem a mover-se com maior predominância no sentido horizontal, ou seja, fazem *movimentos laterais*. Ainda como caracterização desse interlocutor, pode existir uma variação ao movimento lateral, definida por um *movimento para baixo, à esquerda*. Diz-se também que esse deslocamento ocular é muito comum quando o *interlocutor auditivo* busca escutar a sua voz interior, como se estivesse refletindo sobre a resposta da outra parte.

Completando a análise da forma de detecção do tipo de canal de comunicação, temos o *interlocutor cinestésico*. Seu *olhar preponderante acontece para baixo, à direita*. De maneira geral, o olhar para baixo enquanto fala, de forma ampla, é característica da pessoa cinestésica. No entanto, quando ele se move à esquerda, embora seja um sinal encontrado em perfis *auditivos,* pode-se também predizer que, provavelmente, trata-se de um tipo *cinestésico.* Neste caso, a sensação auditiva apresenta forte influência no composto do trinômio "ação-sensação-movimento", comportamento básico de uma pessoa com esse perfil. Daí esse movimento ser interpretado, igualmente, como perfil *auditivo.*

Ao reconhecer um interlocutor como visual, sempre que possível, devemos procurar inserir na sua argumentação palavras que potencializem o assentimento à mensagem. Poeticamente, defino a isso como colírios para os seus olhos. Palavras como *brilhante, claro, escuro, evidente* ou *imaginar,* entre tantas outras que ressaltem a condição visual, são exemplos luzidios de expressões com tal característica.

Seguindo a mesma licença poética, no caso do interlocutor com pendor mais auditivo, as palavras-chave devem representar *música aos seus ouvidos,* como expressões do tipo *descrever, declarar, alto e bom tom, falar, ouvir, escutar etc.*

Se o interlocutor for cinestésico, fechando o tripé de canais preferenciais, recomenda-se a utilização de palavras que reflitam ação, sensação e movimento. Por exemplo: *apoiar, ativar, cortar, experimentar, liso, rugoso, vagaroso, rápido* ou outras que reforcem a principal necessidade do cinestésico: o ato de poder *sentir,* o que figurativamente defino como palavras que *lavam a alma* do cinestésico.

Em síntese, apresentar palavras adequadas e referenciais ao canal de comunicação preferencial de cada interlocutor introduz um ambiente apropriado à emoção decorrente dos sentimentos positivos das suas utilizações. Quando abordo esse tema em minhas palestras, gosto muito de trazer o exemplo de uma "demonstradora de produtos em supermercados" – aquela profissional de vendas postada em um quiosque promocional, estrategicamente localizado dentro do estabelecimento – cujo trabalho de exposição persuasiva do produto presenciei há alguns anos.

Vamos ao exemplo: ao percorrer as gôndolas do supermercado, chamou-me a atenção a demonstradora de produtos de uma marca de sabão em pó – também não me recordo da marca ou do fabricante. Posicionada atrás de um balcão móvel do quiosque, mostrava, em peças de roupas diversas e pré-lavadas, os efeitos provocados nos tecidos após a utilização do produto referido. Achei interessante a forma como fazia a demonstração, ressaltando os efeitos do uso do produto de maneira tangível e prática, um jeito diferente de comunicar valor nesse tipo de ação comercial em ponto-de-venda.

Porém, o que mais me chamava a atenção, além da forma personalizada de abordagem a cada pessoa que se aproximasse do quiosque para colher mais informações, era a constância com que os interessados paravam para interagir com a demonstradora. Curioso, procurei chegar mais perto para escutar o que ela falava e, principalmente, a forma de abordagem que tanto causava aderência aos interlocutores. Observei, então, que ela argumentava com cada cliente, nitidamente procurando atingir o seu canal de comunicação preferido. Pensei comigo, indagando à minha voz interior: "Será que esta demonstradora conhece técnicas de programação neurolinguística?"

Não resisti e, ao encontrar uma brecha entre as exposições que fazia, perguntei-lhe se a minha presunção fazia sentido ou se toda a sua forma de argumentação era intuitiva, empírica e subjetiva. Ela sorriu amavelmente e, com voz suave e charmosamente envolvente, devolveu-me a pergunta:

– *Noto que você é cinestésico, não?*

Pronto! Não precisava dizer mais nada. A mulher tinha me observado enquanto falava e, mesmo que a amostra para avaliar o meu perfil tenha sido apenas o questionamento que efetuei, acertou em cheio. Estava explicado, assim, o porquê de tanta sintonia entre ela e as pessoas que paravam para ouvir as suas ponderações.

Relembremos a estrutura de abordagem utilizada pela demonstradora. Inicialmente, ao cumprimentar quem se aproximava com o nítido desejo de conhecer mais sobre o produto, saudava a todos com simpatia e educação. Em seguida, com uma sondagem preliminar muito instigante, perguntava se o(a) interessado(a) era consumidor(a) de sabão em pó. Ato contínuo, procurava se informar sobre o atual grau de satisfação deste(a) com o produto, bem como os porquês dessa avaliação. Enquanto o(a) interessado(a) começava a falar, os olhos da demonstradora infiltravam profundamente no seu olhar e, certamente, os poucos segundos consumidos para a emissão da resposta eram suficientes para uma avaliação geral sobre a predominância do canal de comunicação preferido pelo(a) interessado(a).

Uma vez identificado o canal preferencial, a demonstradora começava a argumentar e, invariavelmente, utilizava as peças de roupas para consubstanciar a sua explicação. Dessa forma, se o(a) interessado(a) fosse percebido como visual, a demonstradora apresentava os benefícios do uso do produto com expressões como *colírios para os olhos*, seguidas da complementação visual prática na própria roupa. Embora não possa repetir *ipsis litteris* a argumentação utilizada, posso afirmar que o discurso da demonstradora não fugia muito de algo como:

– *Noto que a senhora gosta de cores brilhantes. Deixe-me mostrar, por exemplo, nesta camisa aqui, o efeito de nosso sabão em pó na roupa quando lavada. Olhe bem o azul e o verde depois de lavados! Como estão vivas as cores, não?*

Se a predominância do canal do(a) interessado(a) fosse cinestésica, a demonstradora adaptava a forma de argumentar para "Sinta como a superfície fica lisa depois de lavada, sem aquelas bolinhas tão comuns resultantes de lavagens com produtos de menor qualidade". Quando o canal auditivo preponderava, ela mais uma vez modificava a abordagem, procurando utilizar expressões que melhor se ajustassem a esse perfil. E assim, sucessivamente, ia adaptando o discurso a cada cliente.

Enfim, uma verdadeira aula de técnica quanto à identificação do canal de comunicação. Apesar da superficialidade do processo de avaliação, em virtude do curto espaço de tempo para a percepção, a demonstradora conseguia obter boa dose de acertos na tendência do canal preferido de cada interessado(a).

EQUALIZANDO, COMPORTAMENTAL E VERBALMENTE, A INTERAÇÃO COM O INTERLOCUTOR

Além da identificação do canal de comunicação preferencial, a obtenção de sintonia fica potencializada quando conseguimos, nos estágios iniciais da interação, uniformizarmo-nos comportamental e verbalmente.

Explico: com base na observação de expressões faciais, corporais, voz, olhos ou outras saliências verbais ou não verbais emergidas do interlocutor ao longo do contato pessoal, podemos ficar afinados com ele na mesma frequência, aproximando-nos ao seu estilo, às suas próprias expressões, gestos ou perfil de fala.

Esse *acompanhamento*, quando benfeito, gera uma atmosfera de cumplicidade entre as partes envolvidas, fazendo-as sentir que pensam da mesma forma ou encaram situações de maneiras semelhantes. Quando isso acontece, quase sempre o interlocutor se identifica com a outra parte, ficando mais propício a concordar naturalmente com ela. Esse processo de verdadeiro *espelhamento comportamental* funciona em acordo com o princípio da influência tendo base na *afinidade*, em que os semelhantes se atraem.

Uma das grandes vantagens do referido *espelhamento*, quando bem realizado, é praticamente impedir o surgimento de discordâncias. Os seus efeitos positivos podem ser constatados em qualquer parte da conversação, mas se tornam muito mais evidentes no início de um contato ou quando surgem objeções.

Embora as facetas da construção do *espelhamento* sejam múltiplas, opto pela sua divisão em dois grandes grupos de comportamentos: o grupo das evidências *verbais* e o das *não verbais*.

No conjunto das *verbais*, além do vocabulário e do estilo de construção de frases – mais longas ou curtas, objetivas ou prolixas –, estão inclusas todas as características decorrentes do uso da voz, sua velocidade, seu ritmo, seu volume ou entonação. Por exemplo, se o interlocutor utiliza uma velocidade de fala lenta e construção de frases simplificadas, não devemos, no primeiro momento, querer falar rápido e com erudição vocabular. Isso geraria a falta de convergência dos estilos verbais e, certamente, traria reflexos negativos à sintonia da conversa.

No elenco de componentes *não verbais* incluem-se aspectos como a postura corporal, as formas de olhar, os gestos e expressões faciais mais proeminentes, o ritmo da respiração, as nuanças de oralidade – tais como o uso de pausas ou ênfases ao proferir frases –, bem como o estado anímico em que o interlocutor se encontra. Por exemplo, se percebemos no interlocutor um estado de preocupação ou tristeza, o contato não deve ser iniciado, em hipótese alguma, procurando passar sentimentos de euforia ou alegria. Isso representaria uma contradição, fazendo aflorar sentimentos de desconfiança, dúvida ou refratariedade pessoal.

Uma coisa é certa: quando as nossas palavras e a nossa linguagem corporal são dissonantes ou conflitantes, as pessoas dão mais crédito à linguagem corporal. Traduzindo: *as palavras expressam a fala*; *o corpo as transforma em comunicação.*

O uso do *espelhamento*, todavia, tem a sua grande validade até o momento em que a sintonia se estabeleça e, principalmente, torne-se evidente a existência de um clima de harmonia e confiança mútua. A partir daí, podemos ir conduzindo a nossa fundamentação com estilo próprio, ficando mais à vontade para argumentar, influenciar e persuadir o interlocutor. Tal processo de migração de estilos deve, porém, ser muito cauteloso para não comprometer as conquistas de sintonias já obtidas. A base da sintonia repousa na percepção de confiança, e qualquer inabilidade na condução dessa transição de estilos pode ser fatal à estabilidade desse alicerce.

DESVENDANDO O PERFIL
DECISÓRIO DO INTERLOCUTOR

Ok, uma vez estabelecida a sintonia com o interlocutor, o próximo passo para descobrir o *Ponto G* da emoção é entender o seu perfil decisório. Nesse sentido, muitas alternativas investigativas podem ser utilizadas. Particularmente, porém, gosto muito de usar o mapeamento comportamental estruturado a partir dos fundamentos teóricos de Carl Gustav Jung – um dos grandes estudiosos da psique humana e discípulo de Sigmund Freud. Em seu livro *Tipos Psicológicos*[15], publicado no distante ano de 1921, Jung apontou a existência

---

[15] JUNG, Carl Gustav. *Tipos Psicológicos*. São Paulo: Vozes, 2008.

de quatro perfis decisórios distintos, delineados pela intersecção de dois grandes eixos de dualidades comportamentais básicas (razão/emoção) em relação ao processo da tomada de decisão.

Carlos Alberto Julio, destacado executivo brasileiro e autor do livro *A Magia dos Grandes Negociadores*[16], serviu--se dos mesmos preceitos do mestre Jung para elaborar uma plataforma esquemática de grande facilidade cognitiva acerca da distinção dos perfis referidos. Valho-me dela para oferecer a você uma clarificação melhor sobre como podemos identificar o *modus operandi* das decisões do nosso interlocutor.

(Adaptado do livro *A Magia dos Grandes Negociadores*, 2006)

[16] JÚLIO, Carlos Alberto. *A Magia dos Grandes Negociadores*. São Paulo: Negócio, 2005.

A *Matriz de Comportamento Decisório* do interlocutor apresentada revela quatro perfis distintos, consequentes da intersecção de dois eixos comportamentais: o primeiro, posicionado no sentido vertical, refere-se à dualidade extrema "razão/emoção"; o segundo, no sentido horizontal, aos polos "lento/rápido". Fazendo-se o cruzamento dos eixos, resultam quatro quadrantes, identificadores do perfil no processo de tomada de decisão:

(1) + emoção + lento = Perfil Consultivo
(2) + razão + lento = Perfil Analítico
(3) + razão + rápido = Perfil Pragmático
(4) + emoção + rápido = Perfil Expressivo

Na prática, todos nós temos um pouco de cada perfil. As variações ou mutações são decorrentes de situações que gravitam no cotidiano pessoal e profissional de cada um. Todavia, também é realidade que, predominantemente, temos um perfil mais característico, assumido nas diversas situações do nosso dia a dia, seja no trabalho, com os amigos ou nas relações familiares. Quanto mais conseguirmos observar no interlocutor essa saliência comportamental, mais teremos uma significativa vantagem para descobrir o seu *Ponto G* da emoção. Isto é, os momentos certos para saber que tipo de emoção utilizar, em que situações, quando, como e, fundamentalmente, o porquê e para que devemos usá-las no transcorrer da interação pessoal.

Vamos entender um pouco mais como funciona a matriz referida. Em primeiro lugar, cabe salientar a não existência de perfil pior ou melhor entre os quatro mencionados. Apenas são diferentes. A qualidade ou competência pessoal não é privilégio de um ou outro tipo designado. Sendo assim, não avalie, por exemplo, que um sujeito "pragmático" seja mais competente que um "consultivo", ou vice-versa.

Analise bem a matriz e perceba os quatro quadrantes distintos. Comecemos, opcionalmente, pelo sentido horário. No caso, observemos primeiro o perfil *Consultivo*. A principal característica da pessoa que tem predominância comportamental nesse perfil é, no ambiente de trabalho, agir mais com a emoção e tomar decisões com mais ponderação e vagar. Externamente, esse perfil pode ser identificado por utilizar gestos suaves e acompanhados de tom de voz com baixa inflexão. Quase sempre subordina o pensamento ao sentimento, e isso pode representar rara qualidade no difícil mundo dos negócios, especialmente para avaliar o impacto de decisões empresariais sobre funcionários e clima organizacional. Em uma época em que a inteligência emocional e a atividade em equipe ganham força e espaço nos modernos conceitos de gestão, aqueles que se enquadram no perfil *Consultivo* são excelentes fomentadores de "times" e muito importantes dentro de uma estrutura organizacional. Empáticos e afáveis, os *consultivos* têm diferenciada capacidade de compreender as pessoas e de se comunicar com elas. Essa predominância integrativa da sua personalidade os faz, na maioria das vezes, escutar opiniões de outros antes de tomar decisões.

Seguindo a análise dos perfis, temos o *Analítico*. Sua característica base dentro da *Matriz de Comportamento Decisório* é representar pessoas que têm na razão a predominância das suas ações de natureza profissional, mantendo também a necessidade de dispor de mais tempo para tomar decisões. Em geral, o *Analítico* é alguém que demanda grande quantidade de informações antes de decidir. Assim, não raro, é comum vê-lo rodeado de papéis e relatórios, quase sempre alocados de forma organizada e racional. O tom de voz característico desse perfil é constante, e seus gestos mais pensados e mentalmente elaborados. É metódico, valoriza o aprendizado e a pesquisa, buscando na perfeição um ideal importante para as suas referências de desempenho.

O terceiro perfil, na ordem proposta, é o *Pragmático*. Com alta predominância da razão em suas ações e, normalmente, muito rápido para decidir, o *Pragmático* é facilmente reconhecido ao primeiro contato pessoal: seus gestos em geral são firmes, assertivos e, por vezes, até impositivos. Não gosta de perder tempo e, por isso, prefere ir "direto ao assunto", sendo muitas vezes obstinado por resultados. Adepto do "aqui e agora", é prático, realista, do tipo "pés no chão" e apaixonado por poder. Em muitas situações pode assumir uma postura mais fria e insensível diante de situações ou pessoas.

Completando o quarteto de perfis, temos o *Expressivo*, caracterizado por alta dose de emocionalidade pessoal e celeridade decisória. Seus gestos são largos – às vezes teatrais – e o tom de voz recheado de salientes inflexões. Tem um estilo argumentativo de se expressar que pode rotulá-lo, algumas vezes, como uma pessoa de pouca objetividade. Ao contrário, é rápido e focado ao tomar decisões, porém a lógica de se expressar é mais complexa, prolixa e sinuosa. Gosta de falar – às vezes até *pelos cotovelos* –, mas não pode ser considerado um tipo "bobina", aquele pouco conclusivo, que vive enrolando. A ênfase na comunicação é uma forma por ele estabelecida para construir relacionamentos que, imagina, sejam potencialmente duradouros e intensificados no tempo. Predominantemente, é eloquente, sociável e constantemente movido por intuição. Intimamente, adora a popularidade e, quando de perfil característico exacerbado, pode apresentar fortes traços de egocentrismo e autossuficiência quanto à sua capacidade profissional.

Um fator importante a ser considerado nessa análise de perfis é a possibilidade de ocorrer uma mutação previsível em função da ambiência em que a pessoa está inserida. Isso ocorre de duas maneiras:

1) Dentro do ambiente de trabalho, por exemplo, é comum as pessoas transitarem horizontalmente pelos quadrantes de perfis. Assim, um *pragmático* pode, com certa rotina, assumir uma postura *analítica* e vice--versa, o mesmo valendo para os perfis do *expressivo* e do *consultivo*.

2) Ao mudar de ambiente, isto é, ao deixar o ambiente de trabalho, é relativamente corriqueiro que as pessoas tendam a alterar o seu comportamento. Via de regra,

EMOÇÃO: A CEREJA DO *BOLO DO SIM*

essa mudança ocorre no sentido diagonal, ou seja, o *pragmático* desloca-se para o *consultivo* e vice-versa, e a mesma relação aparece entre o *expressivo* e o *analítico*.

No tocante à verticalidade dos perfis – a relação do *pragmático* com o *expressivo*, ou a do *analítico* com o *consultivo* –, embora a evidente situação de forte oposição comportamental, é frequente que possa existir entre cada par citado um sentimento de respeito e admiração mútua. Dessa forma, é comum observar o *pragmático* valorizando a eloquência do *expressivo*, característica que ele admite lhe faltar; ou o *expressivo* admirando a racionalidade *pragmática*, indispensável a determinadas situações em que o foco na emoção não é recomendável.

Saber identificar o perfil comportamental do interlocutor torna-se essencial para o correto uso da emoção. Isso ocorre porque, como já foi dito, todos nós somos mutantes em nossos perfis. Embora tenhamos predominância de um ou outro dos quatro tipos citados em nossa maneira de ser e agir, as vicissitudes da vida e as inúmeras alternâncias dos nossos papéis sociais (no trabalho, em casa, com os amigos, na escola, no lazer etc.) nos permitem variar comportamentos e preponderâncias decisórias. Ainda que tenhamos um ou outro perfil predominante em nossa maneira de agir, podemos assumir, em situações e realidades diversas, todos os quatro modelos comportamentais formatados. Logo, desenvolver a capacidade de perceber o perfil momentâneo e situacional do interlocutor, quando com ele mantemos contato pessoal, é fator imprescindível para descobrir os seus *Pontos G* mais salientes e, assim, escolher a melhor prática de abordagem emocional.

Nesse sentido, dou algumas dicas que, certamente, ajudarão você a descobrir esses pontos de maior aderência aos componentes emocionais da argumentação:

a) *Ponto G* nos momentos de perfil *Pragmático*

A palavra que melhor define o perfil *pragmático* chama-se *resposta*. Imediatista, focado e assertivo nas colocações, ele valoriza tudo aquilo que elucide ou responda as suas inquietações. *Ir direto ao ponto* é uma das suas frases conceituais preferidas e, com essa visão, devemos com ele trabalhar o processo interativo.

Use – e abuse – de emoção peremptória, entusiasmo conclusivo, falas firmes e contundentes. Cuide, entretanto, para não ingressar no terreno da agressividade – em geral, a linha entre a contundência e o ser agressivo é muito tênue. Tenha sempre em mente que esse perfil é arredio às emoções mais genuínas. Dessa forma, a comunicação persuasiva em momentos de pragmatismo pessoal do interlocutor deve ter no fornecimento de respostas e soluções a base estratégica para o seu desdobramento positivo.

Neste caso, use a emoção apenas para dar um colorido enfático à objetividade da sua argumentação.

b) *Ponto G* nos momentos de perfil *Analítico*

Quer deixar o *analítico* ligado à sua argumentação? Então, forneça a ele multiplicidade de dados e informações. O *analítico* é um fanático pela acuidade interpretativa e pouco sensível a apelos caracterizadamente mais emocionais.

O lado metódico e a constância comportamental sugerem a utilização de emoção comedida, emanada de atitudes que transmitam equilíbrio e inspirem tranquilidade. O tom expositivo sensato, as palavras cuidadosamente colocadas e a ponderada arquitetura mental na organização de ideias e na formulação de conceitos contribuem muito para a permeabilidade do conteúdo argumentativo com o interlocutor no estágio comportamental *analítico*.

Atenção: para este perfil, utilize atributos emocionais que estimulem a reflexão lógica e dedutiva, evitando um tom mais próximo ou subjetivo na sua linha de raciocínio.

c) *Ponto G* nos momentos de perfil *Consultivo*

Diferentemente dos dois perfis anteriores, o *consultivo* tem no gosto por evidências emocionais um vetor presente a impulsionar as suas decisões. Como, geralmente, estrutura o seu pensamento com base no sentimento, propicia excelente ambiente para a inserção de componentes argumentativos que tragam opiniões, sugestões ou aconselhamentos.

Escutar, refletir e, sobretudo, consultar os outros são elementos-chave do processo decisório do *consultivo*. Assim, ao deparar com momentos em que o interlocutor assuma este perfil, devemos saber que a forma adotada na comunicação persuasiva será ainda mais robustecida e eficaz se nela utilizarmos alternâncias emocionais na construção do conteúdo expositivo.

Aqui, pise fundo no acelerador da emoção, porém cuide para não exagerar na dose. O *consultivo* é apreciador da emoção temperada com expressões menos efusivas, suavidade poética e provocadora de introspecção reflexiva. Fazendo isso, certamente o *consultivo* valorizará muito a sua argumentação.

d) *Ponto G* nos momentos de perfil *Expressivo*
– *Olha a Beija-Flor aí, geeeente!*

Sei lá se o nosso querido Neguinho da Beija-Flor é um cara predominantemente *expressivo*. Mas, no momento em que ele solta a sua inconfundível voz e brada esse bordão, contagiando toda a Marquês de Sapucaí, não tenho dúvidas: ele está vivendo um genuíno momento *expressivo*.

A eloquência, a popularidade e o foco no encantamento daqueles que o rodeiam fazem do *expressivo* um apaixonado pelo protagonismo, pela verve solta e, obviamente, um poço inesgotável de emoção.

Interagir com este perfil é um exercício de permanentes afagos de ego, estímulos interiores e coloridos vocabulares. Tão rápido quanto emocional, o *expressivo* adora a intensidade e vibração nas ideias e nas ações, aprovando exposições que privilegiem em igual sentido o *penso* e o *faço*.

Assim, se o momento da sua argumentação exige interagir com o lado expressivo do interlocutor, não perca tempo: mantenha o foco na valorização do relacionamento, viva intensamente este momento e, se possível, deixe explodir o seu coração.

Utilizo aqui, novamente, outro exemplo pessoal para ilustrar o que estou expondo.

Lembro-me da *Chief Executive Officer* (CEO) de uma empresa a qual prestei serviço de consultoria em marketing algum tempo atrás. Uma mulher inteligente, intuitiva e claramente pragmática no ambiente de trabalho. A sua linha argumentativa era típica deste perfil, elaborada com muitos verbos, parcos substantivos e quase ausência de adjetivos. Não gostava de textos explicativos, apenas gráficos ilustrativos. Tudo direto, objetivo, sem *gre-gre para dizer Gregório*.

Por ser exatamente oposto ao seu estilo, confesso, tive certos problemas iniciais para me ambientar ao seu modo funcional. Afinal, notadamente expressivo, sou meio avesso à secura discursiva e pouco afeito à falta de contextualização expositiva. Intenso na verbalização, gosto da lógica explicativa, do desencadeamento dos porquês e, principalmente, da visão holística à análise situacional e seus desdobramentos multifacetados.

Bem, mas a referida CEO, como todos nós, tinha mutações comportamentais que, com o tempo, comecei a perceber evidentes no seu jeito de agir. Observei que, quando marcávamos reunião-almoço em um restaurante, o pragmatismo ancorado na racionalidade e na celeridade decisória diagonalmente cedia lugar a um perfil mais afável, com palavras mais soltas e escorregadas que, bem-humoradamente iluminadas, contrapunham o senso de concisão tão característico do seu comportamento dentro das salas de reuniões formais.

A percepção ficou mais evidente quando marcamos um *happy hour* laboral – eu, ela e alguns de seus assessores –, em que a simples presença de uma garrafa de vinho tinto, servida em delgadíssimas taças de cristal, fora suficiente para fazê-la esquecer o tempo, escutar com atenção e entusiasmar-se numa verbalização mais sinuosa, prolixa e emocional. Peremptoriamente, a circunspecta executiva era uma pessoa no ambiente de trabalho e outra na mesa do bar. Comportamentos *diagonalmente* opostos.

Moral da história: descobri o seu *Ponto G* – o da emoção, é claro! (*risos*)

Nesse contexto, mantinha as reuniões em ambiente de trabalho para validar pontos já definidos, apresentar relatórios factuais ou fazer *follow-up* das ações em andamento, e deixava para a mesa de um restaurante – ou mesmo para o descontraído ambiente de um bar – a oportunidade para lançar uma ideia nova ou uma mudança mais repercussiva, quase sempre mais carregada de componentes emocionais e de entusiasmada exposição.

Descoberto o *Ponto G*, e consequentemente a melhor forma de abordar emocionalmente cada perfil no contexto argumentativo, destaco a potencialização da emoção como o componente complementar de grande relevância à colocação da *cereja* na finalização do *Bolo do Sim*.

SURPRESA E ENVOLVIMENTO: VARIÁVEIS FUNDAMENTAIS À POTENCIALIZAÇÃO DA EMOÇÃO

O ELEMENTO-SURPRESA

Um dos grandes *calcanhares de aquiles* da comunicação interpessoal é a necessidade de atrair a atenção do nosso interlocutor. Nesse particular, ao lado da variável *mistério* – sempre um elemento de forte atratividade a qualquer pessoa –, o *elemento-surpresa* assume posição de relevância na cooptação da atenção. Ele tem uma propriedade que o diferencia, desequilibrando situações e, muitas vezes, redesenhando novos rumos à conversão, como o da *capacidade de quebrar padrões*.

A base da geração do efeito-surpresa é fruto de um processo de *desconfirmação de expectativas*. Normalmente, entramos numa relação pessoal, seja qual for a sua gênese, tendo uma perspectiva do que poderá acontecer. Nossa mente é fértil no seu imaginário, fomentando expectativas que, na prática, esperamos concretizar. Assim, ao nos relacionar com alguém, buscamos confirmar o que esperamos receber dessa relação.

A desconfirmação de expectativas, todavia, é uma possibilidade sempre presente, estando implícita na surpresa e, portanto, diretamente relacionada a subsequentes sentimentos positivos ou negativos. A surpresa, na realidade, é mensurável pela percepção pessoal e, por isso, subjetiva e heterogênea nos seus desdobramentos. Quando percebemos receber algo inferior ao que esperávamos, nossa sensação de desconforto reproduz uma emoção negativa, representada pelo sentimento de insatisfação – caso mais brando – até a extremada indignação, elemento sensorial negativo que evidencia alta percepção de desconfirmação de expectativas.

No vetor contrário, ao receber algo que transcenda o que a nossa normalidade intuitiva esperava, superando expectativas, temos a desconfirmação positiva. Ela acena com um estado de satisfação ao recebido, podendo atingir altíssimos níveis de aceitação, gerando o que muitos estudos acadêmicos relatam ser o estágio emocional de encantamento pessoal.

Em processos persuasivos, a *surpresa* entra como um elemento contextual capaz de amplificar a potencialidade da geração desse encantamento e, por consequência, atrair positivamente a atenção do interlocutor ao que será exposto.

Surpreender para encantar; encantar para emocionar. Esse é o fio condutor que move a intenção positiva do uso da surpresa no ambiente da argumentação persuasiva. O surgimento do inesperado quebra padrões que, se percebidos positivamente, desencadeiam aceitações intensas, aderências recíprocas e fluentes estradas para o *sim*. Lembra do caso já relatado da minha abordagem inaudita com os japoneses? Pois bem, aquele, sem dúvida, foi um retrato fiel de como o *elemento-surpresa* pode desequilibrar favoravelmente uma negociação.

Quando o efeito desconcertante da surpresa é *nitroglicerina anímica* para despertar ou promover atenção positiva, ele completa-se quando a subsequência revela uma argumentação que gera interesse no interlocutor. Pois, se é verdade que a surpresa atrai atenção, ela deve caminhar pari passu com a capacidade de gerar interesse; este sim o atributo que mantém a atenção despertada.

Há várias formas de promover esse interesse ao que se está comunicando. Entretanto, penso que nenhuma delas é tão eficiente como conseguir o envolvimento do interlocutor conosco e ao que estamos expressando.

O PODER DO ENVOLVIMENTO

Persuadir alguém, como já vimos em páginas anteriores, implica conhecer fatores que influenciam o comportamento e as atitudes de um interlocutor. Potencializar esse atributo exige praticar a sinergia entre três elementos que sustentam a capacidade de envolvimento gerada com esse interlocutor: a *retórica*, a *argumentação* e a *sedução*. O uso harmônico desses elementos combinados produz reflexos emocionais ao discurso proferido, impactando decisivamente na conquista e persuasão do interlocutor.

A *retórica* é a faculdade em que devemos considerar, para cada caso ou situação, qual o estilo comportamental e os recursos de linguagem mais convincentes ao interlocutor. A habilidade da *empatia*, já comentada anteriormente, é importantíssima na composição retórica de uma abordagem persuasiva, pois, quando nos colocamos no lugar do outro, temos melhores condições de poder ajustar a forma expositiva mais adequada à recepção positiva do nosso interlocutor. O uso de linguagens ditas *não verbais*, como o estilo, a postura e especialmente o carisma pessoal, complementa e forja o arcabouço de ferramentas a utilizar na esgrima expositiva com o interlocutor, objetivando provocar ou aumentar adesão aos argumentos apresentados.

A *argumentação*, parte racional da persuasão, compreende todo o conteúdo e o arsenal de razões, vantagens e benefícios de que dispomos para apresentar ao interlocutor. A plena utilização desse elemento persuasivo pressupõe o uso de habilidades como a *percepção* e o *ouvir ativamente*, condições necessárias para obtenção dos resultados desejados.

A *sedução* completa o trio de elementos. Ela nasce dos efeitos da retórica que, adicionados ao conteúdo argumentativo, produzem sentimentos de envolvimento e prazer no interlocutor. É a responsável pelo despertar do desejo e, principalmente, pela multiplicação exponencial dos efeitos do *fator emoção* no universo persuasivo da comunicação pessoal.

Compreender os elementos presentes no envolvimento – a *retórica*, a *argumentação* e a *sedução* – e saber utilizá-los de forma integrada e apropriada consiste em grande desafio a todos os que enfrentam situações de prática persuasiva em suas relações. Particularmente, considero o envolvimento como uma das grandes essências da conquista do *sim* do interlocutor.

Ao abordar os elementos estruturais do envolvimento persuasivo, comentei sobre a *retórica* (elemento que dá a forma persuasiva), a *argumentação* (que fornece o conteúdo persuasivo) e, por último, a *sedução* (responsável pelo clima persuasivo). Todos eles, utilizados de maneira harmônica, constroem a essência da força persuasiva.

Quero, porém, ater-me um pouco mais sobre a *sedução*. Entendo ser, entre os três elementos, o maior detonador de efervescências emocionais dentro do ambiente da persuasão.

Antes de tudo, cabe uma ressalva: a *sedução* aqui referida não se trata, pelo menos teoricamente, da sedução amorosa, muito embora relações amorosas exijam negociações permanentes e, neste caso, a sedução a ser utilizada no processo tenda a ser aquela definida pelo sentido idílico da palavra.

Expresso a sedução, considerando o sentido amplo do substantivo, como uma das capacidades de a pessoa produzir aderência anímica em outra. Esse é o sentido que eu quero focar neste contexto.

Qual a melhor maneira de desencadear uma atmosfera sedutora de envolvimento entre o emissor e o receptor de uma mensagem? Cientificamente, agora eu não teria uma resposta adequada. Porém, empiricamente, sou capaz de afirmar, sem medo de errar: nada envolve mais alguém do que uma história bem-contada, uma metáfora bem-arquitetada ou uma ilustração elucidativa com exemplos práticos.

HISTÓRIAS, METÁFORAS E EXEMPLOS

Histórias, metáforas ou exemplos influenciam a imaginação de quem escuta ou vê, instigando sonhos, construindo conceitos, proporcionando vida aos objetos ou propósitos de uma argumentação. Além dos estímulos inegáveis provocados, ao utilizar uma história, metáfora ou exemplo, estabelecemos uma forma cognitiva de apresentação, facilitando a compreensão do interlocutor.

Porém, entendo que a principal característica do uso de histórias, metáforas ou exemplos reside na forte aderência que eles produzem no interlocutor quando bem-aplicadas, pertinentemente colocados e inteligentemente correlacionados com o universo argumentativo da negociação. Quando isso acontece, tornam-se inesquecíveis, criam marcas indeléveis na mente do interlocutor e, principalmente, têm um indesmentível poder de seduzi-lo.

Entre as lógicas para o uso sedutor de histórias, metáforas ou exemplos, destaco quatro pilares fundamentais à construção de uma argumentação persuasiva eficaz que efetivamente proporcione ao negociador condições de transformar tais ferramentas em poderosos aliados em busca do *sim*.

O primeiro pilar é a necessidade de que a história, a metáfora ou o exemplo utilizados tenham *pertinência ao contexto ou objeto da negociação*. Sem esse cuidado, o negociador corre forte risco de inserir algo inapropriado, que em nada contribua para a aderência do interlocutor ao que está sendo exposto.

EMOÇÃO: A CEREJA DO *BOLO DO SIM*

O *adequado uso da linguagem nos canais de comunicação do interlocutor* é o segundo pilar essencial. Ou seja, se ele mostra ter o canal visual como o seu favorito, você deve reforçar, na construção histórica, metafórica ou exemplar, o uso de palavras do tipo *colírio para os seus olhos*; se a preferência for pelo auditivo, enfoque com maior intensidade as palavras *música para os seus ouvidos* e, se o canal cinestésico apresentar maior saliência, utilize palavras que *lavam a alma* desse interlocutor.

Além da observância aos *canais de comunicação do interlocutor*, outra adequabilidade importante está relacionada com o tipo de vocabulário a ser utilizado. O perfil do interlocutor determina o estilo vocabular a adotar. Não há nada mais distante em termos de sintonia do que o uso demasiado de palavras pouco familiares aos ouvidos de um interlocutor. A inserção natural e harmônica de um ornamento retórico mais elaborado até pode ser aceitável e, por vezes, gerar inclusive uma singularidade interessante de externar uma marca pessoal diferenciada. Ficar despejando, no entanto, sucessivos termos técnicos, rebuscadas terminologias ou citações pseudoeruditas indecifráveis a quem os escuta pouco constrói e, sobretudo, dificulta a sintonia entre as partes.

O terceiro pilar é a preocupação em *estruturar as ferramentas ilustrativas de forma simples* para facilitar o entendimento do interlocutor. Porém, simplicidade não significa pobreza expositiva. Ao contrário, ao apresentar uma história, uma metáfora, ou mesmo um exemplo, o negociador deve carregar no efeito retórico apropriado, bem como desenvolver uma atmosfera de sedução expositiva capaz de envolvê-lo com o que está sendo exposto. A simplicidade deve estar restrita à arquitetura cognitiva da mensagem, nunca à falta de riqueza de técnicas persuasivas do elemento emissor dessa mensagem.

O quarto – e último – pilar é exatamente a *importância a ser dada ao conteúdo emocional da história, metáfora ou exemplo*. Devemos avaliá-lo bem antes de externá-lo ao interlocutor. Essa análise deve considerar os possíveis impactos decorrentes do seu uso. Explico: muitas vezes, imaginamos buscar uma coisa com um recurso histórico ou metafórico e, não raro, a percepção ao que falamos ser outra, diametralmente oposta à expectativa que projetamos. É o caso de desejarmos que o interlocutor se emocione e, ao inverso, ele manifeste sentimentos de irritação ao conteúdo ou forma da mensagem. Ou, ainda, quando queremos com uma história provocar risadas e o resultado é uma incontrolável crise de choro. Assim, saber avaliar previamente os eventuais riscos de divergências perceptivas é fator fundamental para a boa eficácia desses recursos.

Vou dar um bom exemplo da força de uma história como elemento marcante e sedutor ao interlocutor. Vejamos: eu tenho o costume de sempre iniciar as minhas palestras com o que os americanos chamam de *hook* – o gancho introdutório cujo conteúdo deve estar sempre atrelado ao contexto expositivo da apresentação que se sucederá. Uso-o das mais diferentes formas, seja com histórias curtas, metáforas bem-humoradas ou com um rápido exemplo relacionado aos conceitos que irei expor, posteriormente, à plateia.

Até hoje, entretanto, nenhum *hook* que utilizei foi tão impactante quanto o da minha história de superação, transformando a dificuldade da gagueira em diferencial competitivo. A descrição da minha trajetória pessoal, confesso, tornou-se um emblema das minhas palestras, e, digo mais ainda, às vezes fico até um pouco assustado em dela tornar-me refém.

É comum, ao ser contatado para efetuar uma palestra, mesmo sobre temas como criatividade, marketing ou vendas, fazerem-me uma solicitação complementar – ou melhor, uma exigência complementar – para que eu "não deixe de inserir na palestra a história da mutação de engenheiro para vendedor". Um caso típico que comprova a força de uma história que, inserida em um contexto argumentativo, assume proporções mais amplas. Transcende o simples momento expositivo, entranhando-se na mente das pessoas e, por consequência, gerando um processo de *comunicação boca a boca* espontâneo entre aqueles que ouviram a história contada e os outros, motivados em querer conhecê-la.

Ciente da atratividade e do fulgor emocional decorrentes do uso de histórias e metáforas, transportei para o livro a mesma estrutura expositiva da palestra. Dessa forma, mantive, tanto no *Azeitona* como no *Cereja*, a inserção do *hook* inicial, adaptando a linguagem coloquial da oralidade à necessidade de maior rigor gramatical exigido pela modalidade escrita. No primeiro livro, o detalhamento da história e seus desdobramentos; no segundo, sob os efeitos do anterior, decidi trazer um fato marcante e inaudito, decorrente da força emocional de minha história e seus impactos no leitor.

O resultado? Bem, no caso da primeira publicação, não tenho dúvida em afirmar que a emoção produzida pelo externar público de minha história pessoal foi um dos fatores preponderantes para o êxito comercial do livro, atingindo o primeiro lugar na lista dos mais vendidos no *ranking* do prestigiado jornal *Valor Econômico*. Quanto ao segundo, este que você está lendo neste momento, confesso que, ao escrever este parágrafo, corre-me um friozinho pela barriga. Afinal, fazer o segundo livro em cima de um primeiro de sucesso, mantendo a mesma temática, deixa-me muito ansioso para saber da sua receptividade pública.

O envolvimento, mais do que o colorido da retórica discursiva ou do referencial fático e lógico de uma boa argumentação, tem aspectos emocionais intangíveis. Estes, muitas vezes, o tornam diferencial único para contornar conversas difíceis, estabelecendo sintonia com o interlocutor e inserindo no contexto da comunicação uma ambiência de sedução que facilita o exercício da persuasão.

EMOÇÃO: A CEREJA DO *BOLO DO SIM*

O saber lidar com as emoções – pessoais e de terceiros – é uma prerrogativa fundamental dos modernos processos de comunicação interpessoal. Nesse sentido, elenco alguns procedimentos que podem auxiliá-lo a administrar melhor esse atributo na construção da sua diferença.

Saber reconhecer e compreender as emoções presentes no contexto da negociação é o primeiro passo para extrair o máximo proveito do *fator emoção*. No início de uma conversação é normal que existam, de ambos os lados, sentimentos de receio, nervosismo, tensão, preocupação, insegurança, paixão ou outro componente emocional passível de prejudicar o desenrolar das conversações. A aceitação da ocorrência dessas situações ajuda muito a montar a melhor estratégia de argumentação com o interlocutor.

Uma das boas formas de abordar esses sentimentos é *explicitar as emoções e reconhecer a sua legitimidade*, conversando sobre elas com a outra parte, sem escondê--las. Ao contrário, tratando-as de forma natural e humana, dando oportunidade à liberação de emoções não exprimidas. Isso, invariavelmente, contribui para a maior fluência no trato das questões presentes em um ambiente de interação pessoal.

Outro procedimento importante é o de *conceder ao interlocutor espaço para desabafar*, dando-lhe liberdade para se exprimir, evitando cortes ou interrupções que fragmentem a sua exposição emocional. Ele libera os seus sentimentos com mais facilidade, evitando que, mais adiante, possam constituir-se em elementos prejudiciais a um desfecho positivo. Alinhado ao procedimento de permitir o desabafo, devem-se *evitar condições propícias para fortes reações contrárias às eventuais explosões emocionais*. A razão é muito simples: se reagimos em igual intensidade em sentido contrário ao interlocutor, é muito provável que o caminho inexorável da esgrima verbal desemboque em uma violenta discussão. Isso, sem dúvida, será um grande obstáculo ao desfecho positivo das demais etapas da negociação. O ideal nesses casos é deixar o interlocutor falar, externar as suas insatisfações e, dentro do possível, intercalar reações que valorizem a sua manifestação. Posteriormente, tão logo pressentir sinais de esgotamento argumentativo do interlocutor, mantendo a calma e o controle, contorne a situação procurando aplacar a insatisfação e apontando soluções aos motivos que geraram o sentimento exposto.

A *utilização de gestos generosos*, como fazer elogios, agradecer ou pedir desculpas por determinado erro cometido, é atitude contributiva à geração de uma atmosfera de cordialidade e gratidão ao longo do contato pessoal. Esses gestos benevolentes, no entanto, devem ser sempre sinceros, sem adulação ou *puxa-saquismos*.

Por fim, cito um último procedimento que, igualmente, julgo importante à boa administração da atmosfera emocional nas relações pessoais: a estratégia de *sempre enfrentar os problemas e nunca as pessoas*. Quando desenvolvemos processos interativos com alguém e deparamos com situações-problema, devemos ser duros com o fato em si, porém jamais avançando o sinal da respeitabilidade humana e, sempre que possível, sendo brandos com a pessoa. Algo como o que o experiente e consagrado especialista em negociação William Ury[17] traduz como o *não positivo*. Segundo ele, para obter um *sim*, muitas vezes é preciso dizer vários *nãos*. "A dificuldade", completa Ury, "é a falta de habilidade para dizer o *não*".

Tal afirmativa é a mais absoluta verdade. No decorrer de nossas vidas, não somos treinados ou orientados a dizer um *não positivo*. Em geral, o *não* traz consigo um tom repressivo, como um legado vindo da infância, em que crescemos sob a sua batuta a recriminar as nossas mais tenras atitudes. Ao chegarmos à idade adulta, esse *software* repressor precisa ser modificado, recebendo um *upgrade* na sua composição, com a introdução do *não construtivo*. E isso somente se faz possível quando separamos o fato, a situação ou o problema das pessoas envolvidas no mesmo contexto. Assim, para atacar um problema, não precisamos atacar as pessoas. William Ury menciona, ainda, que saber falar um *não construtivo* na hora certa proporciona a quem o pratica, além de autoconfiança, o respeito da parte receptora da negativa, favorecendo a aceitação dos argumentos apresentados para justificar o *não* e, consequentemente, construindo uma ponte para o *sim*.

[17] URY e FISCHER, 1983.

A emoção, como já expressei, é a cereja do *Bolo do Sim*. O seu aspecto vocabular iluminado, a sua estética fonética e a intensidade da sensação produzida fazem da emoção um elemento de desequilíbrio em abordagens persuasivas. Cabe lembrar também que a grande diferença analógica com relação ao referencial culinário repousa no fato de que, ao contrário da posição estática e estritamente ornamental da fruta no confeito gastronômico, a cereja do *Bolo do Sim*, a emoção, está presente – e atuante – em todas as etapas da persuasão.

Na camada da *confiança*, a presença da emoção reforça a percepção de franqueza, aumenta a sensação de disponibilidade e solicitude, tornando a solução de problemas algo ainda mais intenso e importante. Na camada da *consistência*, a emoção dada à construção de valor para o interlocutor produz efeitos memoráveis, imagens indeléveis e reconhecimentos eternos. Na camada da *influência*, todos os seis princípios que vimos neste livro são muito mais potencializados e efetivos nos seus objetivos se, permeando as suas utilizações, na prática, houver a presença da emoção auxiliando, reforçando e solidificando o que está sendo expresso.

Em resumo, mesmo quando usamos propósitos racionais na condução das nossas ações no relacionamento humano, a emoção sempre está presente. Isso tanto para facilitar aceitabilidades expositivas ou concordâncias argumentativas, como desequilibrar conversações mais difíceis ou, simplesmente, tornar o diálogo mais intenso, mais bonito e mais feliz.

Finalizo lembrando uma frase do filósofo, matemático e físico francês Blaise Pascal (1623-1662): "O coração tem razões que a própria razão desconhece". Nada mais apropriado para ressaltar que, por mais racionais que sejamos, sempre haverá espaço para permitir que a emoção penetre, envolva sentimentos e conquiste corações.

4 MENSAGEM FINAL: A PERSUASÃO DO BEM, O VERDADEIRO SABOR DO *BOLO DO SIM*

Sou um admirador de frases benfeitas, pertinentemente colocadas e, sobretudo, quando trazem nas entrelinhas saudáveis provocações à reflexão. Sorvo-as às mancheias, pesquiso no *Google*, compro livros de citações diversas e devoro biscoitos da sorte – aqueles com a frasezinha de autoajuda no seu interior. Quando criança, adorava comprar chiclete *Plic-Ploc* somente para ver o que vinha escrito dentro, naquele papelzinho que envolvia o tablete da goma-de-mascar. Enfim, sou um apaixonado por frases, pensamentos e citações.

Pois bem, dia desses, quando escrevia este livro, deparei-me relendo uma frase da famosa Madre Teresa de Calcutá, a qual, imediatamente, relacionei com o objeto deste texto. Dizia a religiosa que "não devemos permitir que alguém saia da nossa presença sem que se sinta melhor ou mais feliz".

A frase, aparentemente simples, expressa com propriedade a essência daquilo que deveria imperar em qualquer relacionamento humano: entrar em uma relação buscando sempre fazer o *bem* ao outro.

Refletindo mais sobre a frase de Madre Teresa, procurei transpô-la à realidade da prática da persuasão. Concluí que nela estava contida, também, a essência do que penso sobre o uso de ferramentas persuasivas em nossos relacionamentos pessoais. Quando estabelecemos um processo persuasivo com alguém, devemos construir o nosso *Bolo do Sim* com a intenção precípua de procurar fazer o melhor, pensando na satisfação mútua e no bem como objetivos primordiais. Logo, parafraseando a conceituada Madre, diria que quando entramos em uma relação e, especialmente, vivenciamos o ambiente de negociação *não temos o direito de sair da presença de alguém sem esgotar a possibilidade de deixá-lo melhor ou mais feliz*. Defino isso como a *Persuasão do Bem* que, em síntese, é o ideal único a ser perseguido quando utilizamos estratégias ou táticas que possam levar alguém a adotar uma ideia, assumir uma atitude ou realizar uma ação.

A *Persuasão do Bem* deve ser lastreada no propósito de resultados do tipo *ganha-ganha*, isto é, em que ambos os lados envolvidos devam redundar reciprocamente satisfeitos com o andamento e o desdobramento da relação. O desvio desse objetivo transforma a persuasão em *manipulação*, situação em que um lado procura manejar o outro, dominando-o como se fosse um objeto e, dessa forma, passível de provocar reações e consequências imprevisíveis e deletérias ao desfecho do relacionamento.

Quando exercitamos a persuasão, por meios lógico-racionais ou simbólico-emocionais, empregamos ferramentas que, como apregoava a alma caridosa da Madre, devem sempre ter bases éticas, seguir preceitos morais e, especialmente, estar envolvidas em uma atmosfera de legitimidade que as sustentem. Abandonar esses pilares da sua construção, mais do que enveredar pelos sinuosos e perigosos caminhos da manipulação, representa assumir a condição de total desprezo pelo interesse do outro, pouco valorizando suas necessidades, abjurando-lhe qualquer tipo de ajuda e, acima de tudo, dando as costas para a sua felicidade.

Essa postura de desprezo e desdém ao interesse do outro, por exemplo, pode ser claramente observada na recente eclosão da crise mundial, um caso típico da presença da utilização de métodos manipuladores para intuitos persuasivos. Uma prática deplorável e abjeta, cujo cultivo do lema "Os fins justificam os meios" vinha servindo de esteio para a obtenção de proveitos inescrupulosos.

Uma decorrência positiva desse episódio ficou: o mundo mudou. Desde o "setembro negro" da economia mundial, muitas modificações no cenário relacional estão sendo processadas. A desconfiança instaurada, o repúdio às práticas comerciais sub-reptícias e as consequências advindas delas certamente moldarão um novo formato integrativo entre pessoas, empresas e nações: socialmente mais justo, economicamente mais saudável e, sobretudo, eticamente mais coerente.

Uma constatação, mesmo para olhos leigos, surge irrefutável: nada mais será como antes. E, neste novo ambiente inter-relacional, não tenho dúvidas, soerguerá a valorização da *Persuasão do Bem* como prática de negociação pessoal a ser adotada por todos aqueles que acreditam na relação de ganhos mútuos, na satisfação recíproca e na busca de um fim coerente com a utilização dos meios.

Aposto nisso não apenas por entender ser esta a base comportamental indispensável à formação de uma sociedade harmônica e solidária, mas, principalmente, por considerar o caminho do bem o último trajeto possível para recolocar a humanidade ajustada aos verdadeiros valores e princípios desta maravilhosa viagem chamada vida.

Despeço-me de você agradecendo pela leitura e disponibilizando o meu *site*, www.blogdocarvalho.com, um canal permanentemente aberto para a sua interação, opinião e coleta de informações.

Grande abraço,
BETO CARVALHO.

REFERÊNCIAS BIBLIOGRÁFICAS

ABREU, Antônio Suárez. *A Arte de Argumentar*. São Paulo: Ateliê Editorial, 1999.

ADLER, Ronald B.; TOWNE, Neil. *Comunicação Interpessoal*. Rio de Janeiro: LTC, 2002.

ARIELY, Dan. *Previsivelmente Irracional*. Rio de Janeiro: Campus, 2008.

ASSAEL, Henry. *Consumer Behavior and Marketing Action*. Cincinatti: South-Western College Publishing, 1998.

BATESON, John E. G; HOFFMAN, K. Douglas. *Marketing de Serviços*. Porto Alegre: Bookman, 2001.

BAYTON, J. A. "Motivation, cognition, learning: basic factors in costumer behavior". *Journal of Marketing*, American Marketing Association, Chicago, 1958.

BEARDEN, William; ETZEL, Michael. "Reference Group Influence on Product and Brand Purchase Decision". *Journal of Consumer Research*, University of Chicago Press, Chicago, 1982, 184 p.

BERKMAN, H. W.; LINQUIST, J. D; SIRGY, M. J. *Consumer Behavior*. Chicago: NTC Publishing Group, 1997.

BERRY, L.; PARASURAMAN, A. *Serviços de Marketing: competindo através da qualidade*. São Paulo: Maltese, 1995.

BLOCH, Peter H. "An exploration into the scaling of consumer's involvement with a product class". *Advanced in Consumer Research*, Association for Consumer Research, Duluth, 1981, v. 8, p. 61-5.

CARVALHO FILHO, C. A. *A Azeitona da Empada - Negociação em vendas: você é o detalhe que faz toda a diferença*. São Paulo: Integrare, 2007.

CARVALHO FILHO, C. A. *Influência de Estímulos Indutores à Comunicação Boca a Boca em Consumidores de Crédito Pessoal*. Dissertação de Mestrado. MAN-PUC-RS, Porto Alegre, 2005.

CELSI, Richard L.; OLSON, Jerry C. "The role of involvement in attention and comprehension processes". *Journal of Consumer Research*, University of Chicago Press, Chicago, 1988, v. 15, p. 210-24.

CHURCHILL, G.; PETER, J. *Marketing: Criando Valor para os Clientes.* São Paulo: Saraiva, 2000.

CIALDINI, R. *O Poder da Persuasão.* Rio de Janeiro: Campus, 2006.

CLARKE, K.; BELK, R. "The effects of product involvement and task definition on anteciped consumer effort". *Advanced in Consumer Research*, Association for Consumer Research, Duluth, 1979, v. 6, p. 313-18.

DAMÁSIO, A. *O Desafio de Descartes: Emoção, Razão e o Cérebro Humano.* São Paulo: Cia. das Letras, 1994.

DAN, Ariely. *Previsivelmente Irracional.* Rio de Janeiro: Campus, 2008.

DRUCKER, P. *Management Challenges for 21st Century.* Nova York: HarperCollins, 1999.

ENGEL, James F.; BLACKWELL, Roger D.; MINIARD, Paul W. *Comportamento do Consumidor.* Rio de Janeiro: LTC, 2000.

FONSECA, Marcelo J. *Avaliação da aplicabilidade da escala New Involvement Profile para a mensuração do envolvimento do consumidor na cidade de Porto Alegre.* Dissertação de Mestrado em Administração. PPGA-UFRGS, Porto Alegre, 1999.

GASALLA, José Maria; NAVARRO, Leila. *Confiança – A chave para o sucesso pessoal e empresarial.* São Paulo: Integrare, 2007.

GITOMER, J. *A Bíblia de Vendas.* São Paulo: M.Books, 2005.

GROONROS, C. *Marketing: Gerenciamento e Serviços. A competição por serviços na hora da verdade.* Rio de Janeiro: Campus, 1993.

HEATH, Chip; HEATH, Dan. *Ideias que Colam.* Rio de Janeiro: Campus, 2007.

HOWARD, John A.; SHETH, Jagdish N. *The Theory of Buyer Behavior.* Hoboken: Wiley, 1969.

HUNTER, James C. *O Monge e o Executivo.* Rio de Janeiro: Sextante, 2006.

JAIN, K.; SRINIVASAN, N. "An empirical assessment of multiple operationalizations of involvement". *Advanced in Consumer Research*, Association for Consumer Research, Provo, 1990, v. 17, p. 594-602.

JOAR, Gita V. "Consumer involvement and deception from implied advertising claim". *Journal of Marketing Research*, American Marketing Association, Chicago, 1995, v. 32, p. 267-79.

REFERÊNCIAS BIBLIOGRÁFICAS

JÚLIO, Carlos Alberto. *A Magia dos Grandes Negociadores*. São Paulo: Negócio, 2005.

JUNG, Carl Gustav. *Tipos Psicológicos*. São Paulo: Vozes, 2008.

KOTLER, Philip. *Administração de Marketing*. São Paulo: Atlas, 1993.

LASTOVICKA, John L. "Questioning the concept of involvement defined product classes". *Advanced in Consumer Research*. Association for Consumer Research, Duluth, 1979, v. 6, p. 174-79.

LAURENT, G.; KAPFERER, J. "Measuring consumer involvement profiles". *Journal of Marketing Research*, American Marketing Association, Chicago, 1985, v. 22, p. 41-53.

MANO, H.; OLIVER, R. L. "Assessing the dimensionality and structure of the consumption experience: evaluation, feeling and satisfaction". *Journal of Consumer Research*, v. 20, p. 451-66, dez. 1993.

McQUARRIE, Edward F.; MUNSON, Michael J. "The Zaichkowsky personal involvement inventory: modification and extension". *Association for Consumer Research*, Duluth, 1986.

MITTAL, Banvari. "Measuring purchase-decision involvement". *Psychology and Marketing*, Wiley, Hoboken, 1986, v. 6, p. 147-62.

MOINE, D.; HERD, J. *Modernas Técnicas de Persuasão*. São Paulo: Summus, 1984.

MORGAN, C.; DESHPANDÉ; ZALTMAN, G. "Factors Affecting Trust in Market Research Relationships". *Journal of Marketing*, American Marketing Association, Chicago, 1993, v. 57, p. 81-101.

MÜCKENBERGER, E. *O Papel da Satisfação, Confiança e Comprometimento na Formação de Intenções Futuras de Compras entre Clientes com Níveis de Experiências Diferenciados*. In: 25º Encontro Nacional dos Programas de Pós-Graduação em Administração, 2001. Campinas. Anais. Anpad, 2001.

OLIVER, R. L. "Cognitive, affective, and attribute bases of the satisfaction response". *Journal of Consumer Research*, v. 20, p. 418-30, dez. 1993.

OLIVER, R. L. "Whence Consumer Loyalty?" *Journal of Marketing*, American Marketing Association, Chicago, 1999, v. 63, Special Issue, p. 33-4.

OLIVER, R. L.; WESTBROOK, R. A. "Profiles of consumer emotions and satisfaction in ownership and usage". *Journal of Consumer Satisfaction, Dissatisfaction and Complaining Behavior*, v. 6, p. 12-27, 1991.

PENNEBAKER, J. W.; RIME, B.; BLANKENSHIP, V. F. "Stereotypes of Emotional Expressiveness of Northerners and Southerness". *Journal of Personality and Social Psychology*, American Psychological Association, Washington, 1996, p. 372-80.

PRAS, Bernard; SUMMERS, John O. "Perceived risk and composition models for multiattribute decisions". *Journal of Marketing Research*, American Marketing Association, Chicago, 1978, v. 15, p. 429-37.

RACKHAM, N. *Spin Selling*. Columbus: McGraw-Hill, 1988.

RACKHAM, N.; VINCENTIS, J. *Rethinking the Sales Force*. Columbus: McGraw-Hill, 1999.

REICHHELD, Frederick F. "O único indicador a melhorar". *Harvard Business Review*, Sifycorp., Milpitas, dez. 2003, p. 32-40.

RIES, A.; TROUT, J. *Marketing de Guerra I*. São Paulo: M.Brooks, 1989.

RIES, A.; TROUT, J. *Posicionamento*. São Paulo: Thompson Learning, 2003.

ROBSON, G.; MOINE, D. *Campeões de Vendas*. São Paulo: Person-Hill, 2006.

ROLLOF, M. E. *Interpersonal Communication*. Beverly Hills: Beverly Hills Publishing, 1981.

ROTHSCHILD, Michael L. *Advertising strategies for high and low involvement situations*. Attitude Research Plays for High Stakes. Chicago: American Marketing Association, 1979.

SIRDESHMUKH, D.; SINGH, J.; SABOL, B. "Consumer Trust, Value, and Loyalty in Relational Exchanges". *Journal of Marketing*, American Marketing Association, Chicago, 2002, v. 66, p. 15-37.

SLAMA, Mark; TASCHIAN, Armem. "Select socioeconomic and demographic characteristics associated with purchasing involvement". *Journal of Marketing Research*, American Marketing Association, Chicago, 1985, v. 49, p. 72-82.

SOLOMON, Michael R. *O Comportamento do Consumidor*. Porto Alegre: Bookman, 2002.

STONE, D.; PATTON, B.; HEEN, S. *Conversas Difíceis*. Rio de Janeiro: Alegro, 2004.

SULLINS, E. S. "Emotional Contagion Revisited: Effects of Social Comparison and Expressive Style on Mood Convergence". *Personality and Social Psychology Bulletin*, University of Michigan, Michigan, 1991, p. 166-74.

REFERÊNCIAS BIBLIOGRÁFICAS

TAX, S.; BROWN, S.; CHANDRASHEKARAN, M. "Customer Evaluation and Trust on the Effectiveness of Selling Partner Relationships". *Journal of Marketing Research*, American Marketing Association, Chicago, 1998, v. 62, p. 60-7.

TROUT, J. *Diferenciar ou Morrer*. Cuiabá: Futura, 2000.

URY, William; FISCHER, Roger. *Getting to Yes*. Nova York: Penguin Books, 1983.

WELLS, William D.; PRENSKY, David. *Consumer Behavior*. Hoboken: Wiley, 1996.

WESTBROOK, R. A. "Product/consumption-based affective responses and postpurchase processes". *Journal of Marketing Research*, v. 24, p. 258-70, ago. 1987.

WILKIE, William L. *Consumer Behavior*. Hoboken: Wiley, 1994.

ZAICHKOWSKY, Judith Lynne. "Measuring the involvement construct". *Journal of Consumer Research*, University of Chicago Press, Chicago, 1985, v. 12, p. 341-52.

ZALTMAN, G. *Contemporary Marketing and Consumer Behavior*. Thousand Oaks: Sage, 1995.

ZEITHAML, Valerie A.; BITNER, Mary J. *Marketing de Serviços*. Porto Alegre: Bookman, 2003.

ZINS, A. "Relative Attitudes and Commitment in Customer Loyalty Model". *International Journal of Service Industry Management*, Emerald Group Publishing Limited, Bengley, 2001, v. 12, p. 269-94.

Outros Lançamentos da Integrare Editora

VOCÊ É O CARA
FAÇA DOS SEUS TALENTOS PONTOS FORTES E
DELES O SEU DIFERENCIAL NA VIDA

Autor: Carlos Alberto Carvalho Filho
ISBN: 978-85-99362-56-3
Número de páginas: 152
Formato: 14x19 cm